ASTROLOGÍA
CHINA

ASTROLOGÍA CHINA

DESCIFRA EL ZODÍACO PARA VIVIR PLENAMENTE

MARITES ALLEN

cincotintas

CONTENIDOS

COMPRENDER
LA ASTROLOGÍA CHINA

La astrología desempeña un papel importante en la filosofía y la cultura chinas. En un sentido amplio, la astrología constituye el estudio de las posiciones y el movimiento de las estrellas y los planetas y cómo influyen en la vida en la Tierra y el comportamiento y el destino de las personas. En comparación con su homóloga occidental, la astrología china posee un contexto más profundo y rico y características complejas.

Los orígenes de la astrología china se basan en gran medida en relatos orales en lugar de escritos; por lo tanto, los elementos varían dependiendo de la fuente que se consulte. Aunque se ha perdido mucha información, se cree que este antiguo sistema data de hace más de cuatro mil años. Se consolidó durante la dinastía Zhou (1046-256 a. C.) y floreció durante la dinastía Han (del siglo II a. C. al siglo II d. C.), con la introducción de los doce signos animales del Zodíaco.

La astrología china está profundamente arraigada en la filosofía consistente en encontrar el equilibrio y la armonía entre los seres humanos, la sociedad y el universo al que pertenecen. Esta interacción entre el hombre y la naturaleza forma la base de las acciones que conducen a mejorar la vida humana. El campo de la astrología presenta múltiples aspectos, como la teoría de los cinco elementos, el principio del yin y el yang, el calendario lunar y los Cuatro Pilares del Destino, que se recogen en las siguientes páginas.

En China, las consultas astrológicas se usan principalmente para eventos importantes, incluidas las fechas ideales para dar a luz y celebrar bodas o entierros. Otras aplicaciones comunes incluyen el uso de signos astrológicos para encontrar socios comerciales o parejas compatibles, elegir carrera o contratar empleados. La práctica correlaciona los rasgos inherentes de una persona con las formas en que se conecta con los demás y la sociedad en la que vive.

La astrología china ha influido en otros sistemas del Zodíaco, especialmente de países asiáticos que alguna vez estuvieron bajo influencia china. Si bien estos sistemas suelen ser los mismos, existen diferencias, como las historias sobre el origen y los animales representados. En las culturas modernas, han surgido otros usos para los signos del horóscopo chino. Ahora es común utilizarlos para la decoración del hogar, logotipos de negocios y tatuajes, por ejemplo. Así, contribuyen a la forma en que la cultura asocia la vida moderna con creencias antiguas.

✳ LOS CINCO ELEMENTOS DEL ZODÍACO CHINO

El feng shui es una ciencia antigua con raíces en la filosofía china según la cual todas las cosas de la Tierra se clasifican en cinco elementos básicos: madera, fuego, tierra, metal y agua. Cada elemento invoca un estado de ánimo, pero en demasía o escasez, pueden conducir a resultados no deseados.

MADERA simboliza calidez, elegancia, sensibilidad y generosidad. En exceso, puede ser abrumadora y hacer que una persona sea terca e inflexible; su carencia, por otro lado, puede manifestarse como depresión, indecisión y falta de crecimiento.

FUEGO simboliza energía, innovación y alegría. En exceso puede causar ira, agresión, irritabilidad y malhumor, mientras que su carencia puede conducir a la apatía, estrechez de miras y baja autoestima.

TIERRA simboliza la sinceridad, la prudencia y el trabajo duro. Si hay demasiada en un sitio, podemos sentirnos pesados y aburridos, lentos y sin humor. Si hay poca, podemos perder la concentración y sentirnos confusos.

METAL simboliza independencia, ambición y fuerza. Si hay demasiado metal, la persona puede resultar dura e impulsiva tanto con sus palabras como con sus acciones; cuando hay poco, puede volverse demasiado retraída o cautelosa sin razón.

AGUA simboliza flexibilidad, diplomacia, amabilidad y persuasión. Su exceso puede hacer que una persona sea demasiado social e incomode o que se ahogue en sus emociones; poca agua puede hacer que la persona se sienta estresada, aislada y sola.

Los cinco elementos están personificados en todo lo que nos rodea. Para crear equilibrio y armonía en tu hogar o lugar de trabajo, la clave es incluir muebles y adornos que representen los cinco elementos, más o menos en la misma medida. Coloca artículos relevantes en áreas específicas del hogar o la oficina para intensificar su efecto. Por ejemplo, para activar el elemento madera, pinta de verde una habitación al este o sureste de tu casa.

	Madera	Fuego	Tierra	Metal	Agua
Forma	Rectangular ■	Triangular ▲	Cuadrada ■	Redonda ●	Ondulada 〰
Color	Verde, verde claro	Rojo, rosa, naranja	Amarillo, marrón	Blanco, gris, plateado	Azul, negro
Direcciones representadas	↘ → Sureste, este	↓ Sur	↙ ↗ Suroeste, noreste	← ↖ Oeste, noroeste	↑ Norte
Objetos representativos	Muebles de madera, flores frescas, plantas/ árboles, tejidos naturales	Bombillas, luz solar, velas, equipos electrónicos	Cuadros de paisajes, telas de colores terrosos	Rocas/ piedras, objetos de hierro o aluminio	Espejos, elementos de agua (fuentes, acuarios)

YIN Y YANG

El concepto de los cinco elementos está estrechamente asociado con el principio del yin y el yang. Ambos dan forma a la creencia en el ciclo de cambio: de ser y dejar de ser; de comienzos y finales; de vida, muerte y renacimiento, que rigen los eventos naturales y humanos.

El concepto de yin y yang data del siglo III a. C., con el cosmólogo Zou Yan como principal defensor. Sin embargo, sus raíces se remontan más allá, ya que el concepto también se asocia con el texto del siglo XI a. C. conocido como *I Ching* o *Libro de los cambios*, que expresa que la relación continuamente cambiante entre dos fenómenos opuestos y complementarios es responsable del estado igualmente cambiante del universo y la vida en su conjunto.

Yin-yang se refiere a la dualidad o conjuntos de energías cósmicas opuestas y complementarias que gobiernan el universo. En términos generales, el yin es la energía interna que se caracteriza como femenina, oscura, pasiva y negativa. El yang, por otro lado, es la energía externa, masculina, brillante, activa y positiva.

ATRIBUTOS Y ASOCIACIONES

El yin-yang es un concepto complejo que, cuando se interpreta o aplica en los asuntos cotidianos, cumple estas verdades básicas: ① es un patrón consistente y lógico que se puede ver en la naturaleza y en el hombre; ② representa cambios en la naturaleza humana similares a las fases creciente y menguante de la luna; y ③ es un proceso que asegura el equilibrio constante y la armonía en todos los seres y circunstancias.

Aunque los orígenes del símbolo yin-yang y la persona que lo creó no están claros, el símbolo tal como lo conocemos hoy ilustra que cada mitad del círculo tiene un elemento del otro (representado por los puntos). Cada mitad complementa a la otra, y un aumento en una corresponde a una disminución en la otra. El símbolo es una representación del equilibrio perfecto.

El yin-yang es un recordatorio cósmico de que existe un orden natural en el universo y en la existencia humana. Mantener la armonía es clave porque cuando se rompe o hay un gran desequilibrio entre las dos cualidades, pueden ocurrir problemas, enfermedades e incluso catástrofes.

YIN	YANG
Negro	Blanco
Luna	Sol
Norte	Sur
Tierra	Cielo
Frío	Caliente
Blando	Duro
Viejo	Joven
Números pares	Números impares
Descanso	Actividad
Invierno	Verano

EL CALENDARIO LUNAR

A diferencia del ampliamente utilizado calendario occidental o gregoriano, el calendario lunar chino comienza el año entre finales de enero y principios de febrero, dependiendo de los ciclos de la luna. Este sistema cuenta los ciclos lunares de un año nuevo lunar (temporada de primavera) al siguiente. También es cíclico, lo que significa que se repite una y otra vez de acuerdo con un patrón.

El calendario lunar refleja un ciclo sexagenario, o de sesenta años. El ciclo se basa en la combinación de diez tallos celestiales y doce ramas terrenales, un sistema que tuvo sus orígenes unos 2700 a. C. cuando Huangdi, el Emperador Amarillo, ordenó un estudio de los cambios entre la tierra y el cielo, y los cambios en las cuatro estaciones para convertirlo en la base para el ciclo. El resultado fue el calendario de sesenta años donde cada año está representado por dos características: un tallo celestial y una rama terrenal.

El tallo celestial se forma combinando uno de los cinco elementos (madera, fuego, tierra, metal y agua) con energía yang o yin. La rama terrenal es el signo chino correspondiente al año. Este calendario de tallo y rama se conoce en chino como *Jia Zi* (el comienzo de un ciclo). En la antigüedad, este período de sesenta años representaba una vida útil completa, y las personas que viven más allá de este período hasta el siguiente *Jia Zi* se consideran verdaderamente bendecidas. El actual ciclo de sesenta años comenzó en 1984, año de la Rata de madera, y finaliza en 2043, año del Cerdo de agua. El próximo ciclo comenzará en 2044, con otro año de la Rata de madera. (Véanse también Los Cuatro Pilares del Destino, pp. 19-21.)

A pesar de que el calendario occidental se utiliza en China con fines administrativos, el calendario lunar chino se emplea para establecer festivales tradicionales y para programar las actividades agrícolas. Las celebraciones, como el Año Nuevo chino (véanse las pp. 198-203), el Festival de las Linternas o el Día de Medio Otoño, se calculan según el calendario lunar.

Esto explica por qué las fechas exactas de las fiestas varían cada año. El calendario lunar también se usa popularmente para elegir fechas y horas auspiciosas para eventos importantes, como celebrar una boda, iniciar un negocio, mudarse, someterse a procedimientos médicos, etc.

CONOCER TU SIGNO ZODIACAL

Cada año del calendario lunar chino representa un signo zodiacal concreto. A diferencia del año gregoriano, que va invariablemente del 1 de enero al 31 de diciembre, el calendario lunar varía cada año y puede comenzar en cualquier día de enero o febrero. Por lo tanto, será fácil para los nacidos entre marzo y diciembre descubrir su signo zodiacal. Sin embargo, los nacidos en enero o febrero deben usar su fecha exacta de nacimiento para consultar la tabla de las siguientes páginas e identificar su signo animal chino.

AÑOS DEL HORÓSCOPO CHINO DESDE 1960 HASTA 2043

Año	Fecha	Año zodiacal chino
1960	28 enero 1960 – 14 febrero 1961	Rata
1961	15 febrero 1961 – 4 febrero 1962	Buey
1962	5 febrero 1962 – 24 enero 1963	Tigre
1963	25 enero 1963 – 12 febrero 1964	Conejo
1964	13 febrero 1964 – 1 febrero 1965	Dragón
1965	2 febrero 1965 – 20 enero 1966	Serpiente
1966	21 enero 1966 – 8 febrero 1967	Caballo
1967	9 febrero 1967 – 30 enero 1968	Cabra
1968	30 enero 1968 – 16 febrero 1969	Mono
1969	17 febrero 1969 – 5 febrero 1970	Gallo
1970	6 febrero 1970 – 26 enero 1971	Perro
1971	27 enero 1971 – 14 febrero 1972	Cerdo
1972	15 febrero 1972 – 2 febrero 1973	Rata
1973	3 febrero 1973 – 22 enero 1974	Buey
1974	23 enero 1974 – 10 febrero 1975	Tigre
1975	11 febrero 1975 – 30 enero 1976	Conejo
1976	31 enero 1976 – 17 febrero 1977	Dragón
1977	18 febrero 1977 – 6 febrero 1978	Serpiente
1978	7 febrero 1978 – 27 enero 1979	Caballo
1979	28 enero 1979 – 15 febrero 1980	Cabra
1980	16 febrero 1980 – 4 febrero 1981	Mono
1981	5 febrero 1981 – 24 enero 1982	Gallo
1982	25 enero 1982 – 12 febrero 1983	Perro
1983	13 febrero 1983 – 1 febrero 1984	Cerdo
1984	2 febrero 1984 – 19 febrero 1985	Rata
1985	19 febrero 1985 – 8 febrero 1986	Buey

1986	9 febrero 1986 – 28 enero 1987	Tigre
1987	29 enero 1987 – 16 febrero 1988	Conejo
1988	17 febrero 1988 – 5 febrero 1989	Dragón
1989	6 febrero 1989 – 26 enero 1990	Serpiente
1990	27 enero 1990 – 14 febrero 1991	Caballo
1991	15 febrero 1991 – 3 febrero 1992	Cabra
1992	4 febrero 1992 – 22 enero 1993	Mono
1993	23 enero 1993 – 9 febrero 1994	Gallo
1994	10 febrero 1994 – 30 enero 1995	Perro
1995	30 enero 1995 – 18 febrero 1996	Cerdo
1996	19 febrero 1996 – 6 febrero 1997	Rata
1997	7 febrero 1997 – 27 enero 1998	Buey
1998	28 enero 1998 – 15 febrero 1999	Tigre
1999	16 febrero 1999 – 4 febrero 2000	Conejo
2000	5 febrero 2000 – 23 enero 2001	Dragón
2001	24 enero 2001 – 11 febrero 2002	Serpiente
2002	12 febrero 2002 – 31 enero 2003	Caballo
2003	1 febrero 2003 – 21 enero 2004	Cabra
2004	22 enero 2004 – 8 febrero 2005	Mono
2005	9 febrero 2005 – 28 enero 2006	Gallo
2006	29 enero 2006 – 17 febrero 2007	Perro
2007	17 febrero 2007 – 6 febrero 2008	Cerdo
2008	7 febrero 2008 – 25 enero 2009	Rata
2009	26 enero 2009 – 13 febrero 2010	Buey
2010	14 febrero 2010 – 2 febrero 2011	Tigre
2011	3 febrero 2011 – 22 enero 2012	Conejo
2012	23 enero 2012 – 9 febrero 2013	Dragón
2013	10 febrero 2013 – 30 enero 2014	Serpiente
2014	31 enero 2014 – 18 febrero 2015	Caballo

2015	19 febrero 2015 – 7 febrero 2016	Cabra
2016	8 febrero 2016 – 27 enero 2017	Mono
2017	28 enero 2017 – 15 febrero 2018	Gallo
2018	16 febrero 2018 – 4 febrero 2019	Perro
2019	5 febrero 2019 – 24 enero 2020	Cerdo
2020	25 enero 2020 – 11 febrero 2021	Rata
2021	12 febrero 2021 – 31 enero 2022	Buey
2022	1 febrero 2022 – 21 enero 2023	Tigre
2023	22 enero 2023 – 9 febrero 2024	Conejo
2024	10 febrero 2024 – 28 enero 2025	Dragón
2025	29 enero 2025 – 16 febrero 2026	Serpiente
2026	17 febrero 2026 – 5 febrero 2027	Caballo
2027	6 febrero 2027 – 25 enero 2028	Cabra
2028	26 enero 2028 – 12 febrero 2029	Mono
2029	13 febrero 2029 – 2 febrero 2030	Gallo
2030	3 febrero 2030 – 22 enero 2031	Perro
2031	22 enero 2031 – 10 febrero 2032	Cerdo
2032	11 febrero 2032 – 30 enero 2033	Rata
2033	31 enero 2033 – 18 febrero 2034	Buey
2034	19 febrero 2034 – 7 febrero 2035	Tigre
2035	8 febrero 2035 – 27 enero 2036	Conejo
2036	28 enero 2036 – 14 febrero 2037	Dragón
2037	15 febrero 2037 – 3 febrero 2038	Serpiente
2038	4 febrero 2038 – 23 enero 2039	Caballo
2039	24 enero 2039 – 11 febrero 2040	Cabra
2040	12 febrero 2040 – 31 enero 2041	Mono
2041	1 febrero 2041 – 21 enero 2042	Gallo
2042	22 enero 2042 – 9 febrero 2043	Perro
2043	10 febrero 2043 – 29 enero 2044	Cerdo

ASOCIACIONES CON EL FENG SHUI

Los años de nacimiento están asociados con la dualidad del yin (número impar al final de un año del calendario gregoriano) y el yang (número par al final de un año del calendario gregoriano), y con los cinco elementos, de la siguiente manera:

AÑO GREGORIANO				
ACABA EN 0	**ACABA EN 1**	**ACABA EN 2**	**ACABA EN 3**	**ACABA EN 4**
YANG METAL	YIN METAL	YANG AGUA	YIN AGUA	YANG MADERA
ACABA EN 5	**ACABA EN 6**	**ACABA EN 7**	**ACABA EN 8**	**ACABA EN 9**
YIN MADERA	YANG FUEGO	YIN FUEGO	YANG TIERRA	YIN TIERRA

De esta manera, una persona Rata nacida en 1948 se caracteriza como Rata de tierra yang; una persona Buey nacida en 1949 es Buey de tierra yin; una persona Tigre nacida en 1950 es Tigre de metal yang, y así sucesivamente.

LOS CUATRO PILARES DEL DESTINO

En la astrología china, específicamente en la práctica del feng shui, hay una forma más sofisticada de predecir el destino utilizando no solo el año de nacimiento, sino también la fecha y la época del año. Es el sistema de los Cuatro Pilares del Destino (o *BaZi* en chino), que sigue una carta de energía cósmica basada en el análisis de los datos del nacimiento y su relación con los ciclos cambiantes de energía, estaciones, años, meses, días e incluso horas.

Los Cuatro Pilares proporcionan no solo información sobre fortalezas, debilidades y rasgos de carácter, sino que también ayudan a analizar las perspectivas de suerte en diferentes períodos de la vida. Dado que interpretar la relación de los ocho caracteres en un gráfico *BaZi* puede ser muy complicado, es aconsejable que un consultor de feng shui realice la evaluación de la tabla individual. Este adaptará la intervención de feng shui para satisfacer tus necesidades específicas.

HORA	DÍA	MES	AÑO
TALLO CELESTIAL	TALLO CELESTIAL	TALLO CELESTIAL	TALLO CELESTIAL
Metal yang	Metal yin	Madera yin	Agua yin
RAMA TERRENAL	RAMA TERRENAL	RAMA TERRENAL	RAMA TERRENAL
Yata yang	Cerdo yin	Buey yin	Cerdo yin

↑ EJEMPLO DE TABLA DE LOS CUATRO PILARES O *BAZI*.

Crea tu propia tabla personal gratuita en: https://maritesallen.com/destiny-chart

Los cuatro pilares representan el año, mes, día y hora de nacimiento. Cada pilar tiene dos elementos: un tallo celestial (el elemento asociado, combinado con energía yang positiva o yin negativa) y una rama terrenal (basada en los signos del horóscopo chino). La combinación de tallo y rama de cada pilar puede estar en armonía o puede chocar. Las combinaciones armoniosas indican una perspectiva favorable para la persona, mientras que las conflictivas indican perspectivas desfavorables.

EL PILAR DEL AÑO

Representa a los antepasados y padres que gobiernan tu fortuna desde 1 hasta 16 años de edad. Un elemento favorable indica amor por los antepasados y bendiciones dentro de los primeros dieciséis años de tu vida. Un elemento desfavorable puede significar una infancia infeliz y posibles traumas familiares. El pilar del año representa características que es probable que compartas con personas nacidas el mismo año.

EL PILAR DEL MES   Representa las cualidades internas típicas que están arraigadas en tu ser adulto y que pueden hacerse más evidentes en años posteriores. En las lecturas de *BaZi*, este pilar representa tu fortuna de los 17 a los 32 años y refleja tus relaciones con padres y hermanos. Un pilar del mes afortunado indica padres con carreras exitosas. Si es desafortunado, puede señalar que los padres tal vez no sean capaces de proporcionar el apoyo adecuado.

EL PILAR DEL DÍA   Representa la persona cotidiana que emerge en sus interacciones sociales con los demás. Las características que se manifiestan en este pilar se vuelven dominantes durante los mejores años de tu vida. En *BaZi*, este pilar representa la fortuna de los 33 hasta los 48 años, así como las experiencias en la mediana edad, incluidas las relaciones matrimoniales. Si es favorable, representa una carrera exitosa y un matrimonio feliz; si es desfavorable, augura situaciones menos que ideales.

EL PILAR DE LA HORA   Representa características innatas que prefieres ocultar por temor a que te consideren superficial. Estas cualidades pueden manifestarse en momentos en que te sientes cómodo en compañía de otros o durante situaciones estresantes. En el *BaZi*, el pilar de la hora representa a tu descendencia y tu fortuna desde los 48 hasta los 60 años. Si es favorable, representa hijos obedientes, una carrera significativa y años tranquilos después de la jubilación; si es desfavorable, puede traer niños rebeldes y otros eventos desafortunados durante tus últimos años.

La carta de los cuatro pilares del destino puede interpretarse como un mapa cósmico del destino o como posibles eventos en cuatro etapas de la vida. Aunque estos eventos están predeterminados, puedes cambiarlos a tu voluntad y según las decisiones que tomes. La tabla te ayuda a comprenderte a ti mismo y tus fortalezas o debilidades innatas. Con esa conciencia ganas el poder de cambiar caminos predeterminados y ayuda para crecer y desarrollarte como persona.

CÓMO USAR ESTE LIBRO

Si bien interpretar una carta de destino, o *BaZi*, como la de la p. 20, queda más allá del alcance de este libro, esperamos que al proporcionarte los principios básicos de la astrología china y ayudarte a comprender aspectos importantes de tu signo zodiacal aprecies mejor tus fortalezas y las uses para guiarte en la toma de decisiones importantes y en tus actividades diarias.

Cada capítulo del libro se dedica a un signo y analiza los principales tipos de personalidad de los nacidos bajo este. Averigua qué animal te corresponde y qué significa en términos de tus fortalezas, debilidades y perspectivas en el trabajo, en el hogar, el amor y la suerte. ¡Es posible que descubras cosas sobre ti mismo! Y también que conozcas mejor a las personas importantes de tu vida: conocer algunos de sus rasgos te ayudará tal vez a hallar formas de interactuar mejor con ellas y dar con la armonía en todas las esferas de tu vida. Comprender las señales pasadas, presentes y futuras de tu vida te hace depender menos del destino. Usa la información para manejar las etapas de tu viaje vital ejerciendo tu libre albedrío y tomando decisiones prudentes.

LOS SIGNOS

LA RATA

INTELIGENTE · ABIERTO · COOPERATIVO

26

EL BUEY

CONFIABLE · TRABAJADOR · DETERMINADO

40

EL TIGRE

SEGURO · TOLERANTE · VALIENTE

54

EL CONEJO

SENSIBLE · AMIGABLE · COMPASIVO

68

EL DRAGÓN

CAUTIVADOR · DECIDIDO · ENERGÉTICO

82

LA SERPIENTE

HUMORÍSTICO · METÓDICO · EMPÁTICO

98

EL CABALLO

GENEROSO · CAMPECHANO · AUTOSUFICIENTE

112

LA CABRA

INGENIOSO · AMABLE · CONSIDERADO

126

EL MONO

OPTIMISTA · INVENTIVO · CARISMÁTICO

140

EL GALLO

CAPAZ · SINCERO · FILOSÓFICO

156

EL PERRO

LEAL · VITAL · PERCEPTIVO

170

EL CERDO

SINCERO · INDULGENTE · EDUCADO

184

LA
RATA

En la cultura china, la Rata representa la sabiduría, la riqueza y la prosperidad. Se dice que fue la primera en llegar cuando el Emperador de Jade invitó a doce animales a competir por su lugar en el Zodíaco chino. Tras haber ganado la carrera, la Rata comienza el ciclo astrológico de doce años.

AÑOS DE LA RATA

1924, 1936, 1948, 1960, 1972, 1984, 1996, 2008, 2020, 2032

FECHAS DE LOS AÑOS DE LA RATA

Inicio	Fin	Tallo celestial	Rama terrenal
5 febrero 1924	23 enero 1925	Madera	Agua
24 enero 1936	10 febrero 1937	Fuego	Agua
10 febrero 1948	28 enero 1949	Tierra	Agua
28 enero 1960	14 febrero 1961	Metal	Agua
15 febrero 1972	2 febrero 1973	Agua	Agua
2 febrero 1984	19 febrero 1985	Madera	Agua
19 febrero 1996	6 febrero 1997	Fuego	Agua
7 febrero 2008	25 enero 2009	Tierra	Agua
25 enero 2020	11 febrero 2021	Metal	Agua
11 febrero 2032	30 enero 2033	Agua	Agua

CARACTERÍSTICAS GENERALES

Como Rata, eres una persona ambiciosa y creativa, y es probable que también seas perfeccionista. Organizadora experimentada, te conocen por ser capaz de manejar incluso los problemas más difíciles. Trabajas duro para lograr tus objetivos, pero a veces puedes sentirte insegura e incluso no estar dispuesta a apoyar tu causa, lo que provoca confusión.

Tu conducta es siempre justa y no esperas menos de los que te rodean. La interacción social es lo tuyo y ninguna fiesta está completa sin tu ingenio y humor. Por lo general, eres una persona generosa, tanto con la atención como con los cumplidos que prodigas, pero quien quiera abusar de tu amabilidad debe tener cuidado, ya que valoras tu privacidad.

Tu sabiduría innata, junto con la comprensión práctica y empatía con los demás, hace que tus compañeros busquen a menudo tu consejo. Tu forma especial de lidiar con las crisis te permite encontrar soluciones rápidas a situaciones complejas.

✱ TIPOS DE RATA POR AÑO DE NACIMIENTO

Es probable que, dependiendo del año en que naciste, muestres uno de estos cinco tipos de personalidad. El último número de tu año de nacimiento determina tu elemento feng shui, aunque hay que prestar atención a las fechas límite para determinar correctamente el signo animal. Esto es importante, en especial, si naciste en enero o febrero (véase El calendario lunar, pp. 12-13).

0 0 1	↔	TU ELEMENTO ES EL METAL	✦
2 0 3	↔	TU ELEMENTO ES EL AGUA	🌊
4 0 5	↔	TU ELEMENTO ES LA MADERA	🍃
6 0 7	↔	TU ELEMENTO ES EL FUEGO	🔥
8 0 9	↔	TU ELEMENTO ES LA TIERRA	🔶

RATA DE MADERA

1924 ▪ 1984

Tu personalidad amigable y extrovertida te hace popular entre colegas y amigos. Gozas de una mente rápida y te gusta probar suerte en cualquier cosa que creas que puede ser útil. Dispones de un gran sentido del humor, disfrutas viajando y, debido a tu naturaleza tan imaginativa, escribes o actúas talentosamente. Tu mayor temor es la inseguridad, pero dada tu inteligencia y capacidades, suele tratarse de un miedo infundado.

RATA DE FUEGO

1936 ▪ 1996

Rara vez paras y eres un ser repleto de energía y entusiasmo ilimitados. Anhelas la acción, ya sea viajar, seguir nuevas ideas o hacer campaña por una causa. Como pensador original que eres, odias las restricciones. Tu resiliencia te otorga crédito, y con el apoyo adecuado puedes llegar lejos en la vida. Directo en tus puntos de vista, te ilusionas y tiendes a comprometerte sin pensar en todas las implicaciones de una iniciativa.

RATA DE TIERRA

1948 ▪ 2008

Astuta y muy equilibrada, no eres persona de las que corren riesgos innecesarios. Si bien intentas constantemente mejorar tu economía, estás preparada para proceder poco a poco y no dejar nada al azar. No eres el tipo más aventurero de Rata, y prefieres permanecer en terreno familiar en lugar de arriesgarte. Posees talento, eres concienzuda y te muestras cariñosa con tus seres queridos, pero puedes sentir vergüenza y preocuparte en exceso por tu imagen.

RATA DE METAL

1960 ▪ 2020

Tienes un excelente gusto y aprecias las cosas buenas de la vida. Tu hogar es cómodo y bellamente decorado. Disfrutas relacionándote en círculos de moda, y eres excepcionalmente leal a familiares y amigos. Persona astuta con las finanzas, inviertes bien. En la superficie, te muestras alegre y confiada, pero en el fondo puedes esconder preocupaciones, con frecuencia creadas por ti misma.

RATA DE AGUA

1932 ▪ 1972

Inteligente y astuta, eres una persona que piensa en profundidad y se expresa de manera clara y persuasiva. Siempre estás ansiosa por aprender y posees muchos talentos. Eres hábil escribiendo, pero fácilmente te desvías y experimentas problemas para concentrarte en una sola cosa a la vez. Aunque eres popular, tu miedo a la soledad a veces te junta con compañías equivocadas.

TIPOS DE RATA
POR MES DE NACIMIENTO

Con tu mes de nacimiento, identifica tu tipo de personalidad dominante en una palabra o frase.

ENERO	FEBRERO	MARZO
Entusiasta	Visionaria	Compleja
ABRIL	**MAYO**	**JUNIO**
Seria	Ambiciosa	Líder
JULIO	**AGOSTO**	**SEPTIEMBRE**
Determinada	Decidida	Disciplinada
OCTUBRE	**NOVIEMBRE**	**DICIEMBRE**
Atrevida	Pertinaz	Directa

CONSEJOS DEL FENG SHUI

Los signos de la fortuna cambian para cada año, mes y día, y la mejor manera de rastrearlos es mediante un almanaque fiable de feng shui. La información que sigue ofrece solo una orientación general para el signo de la Rata.

	Buena suerte	Mala suerte
Números	2, 3, 23, 32	5, 9, 59, 95
Días	3, 6, 20 del mes Día de éxito*: miércoles Día de vitalidad**: martes	10, 23, 26 del mes Día de mala suerte***: sábado
Colores	Negro, azul, dorado, verde	Rojo, rosa, morado, amarillo, marrón
Direcciones	Norte, noroeste, oeste, suroeste	Sur, sureste
Flores	Azucena, prímula, violeta africana	

* DÍA DE ÉXITO Este día está lleno de energía positiva, y se considera venturoso para actividades personales o eventos sociales.

** DÍA DE VITALIDAD Es el día en que estás más activo y dinámico.

*** DÍA DE MALA SUERTE Este día se considera desfavorable, y deberías evitarlo para realizar actividades personales o celebrar eventos sociales.

DATO DE FENG SHUI

En la cultura china, las ratas representan diligencia y prudencia, por eso muchas personas nacidas en un año de la Rata tienden a ser ricas y prósperas. También poseen vitalidad, fertilidad y longevidad. Por lo tanto, la rata es un símbolo de la suerte para las parejas que esperan concebir.

FORTALEZAS
DE TU CARÁCTER

Una persona nacida en un año de la Rata es encantadora por naturaleza, ¡lo sabes! De carácter extrovertido, alegre y sociable, cuentas con muchos amigos porque te llevas bien con casi cualquiera.

Te esfuerzas para lograr tus metas porque te fijas estándares superiores en la vida, y la ambición salvaje te empuja a trabajar más para lograr lo que te propongas. Y, por supuesto, el trabajo duro vale la pena: gozas de un éxito tremendo. Tu inteligencia innata halla la forma de maximizar cualquier oportunidad que encuentres.

Quizás tu mayor fortaleza sea tu increíble sed de aprendizaje. Se despierta temprano, en la infancia, y continúa hasta los últimos años. Altamente disciplinada, eres una persona a la que le gusta recopilar y analizar información, un rasgo que nunca cesa de enriquecer tu vida.

鼠

DEBILIDADES PERCIBIDAS

Eres una persona terca que rara vez escucha los consejos de quienes te rodean. Ese instinto tuyo te hace criticar o quejarte enseguida, y eres exigente con las deficiencias de los demás, lo cual, de forma involuntaria, ofende. Vana y calculadora, te gusta jactarte de tus logros para atraer más interés y atención, pero por desgracia esto a menudo ejerce el efecto contrario y provoca resentimiento.

Debes procurar no prodigarte demasiado, ya que tiendes a esparcir tu energía en múltiples direcciones, hasta el agotamiento, para mostrar tus esfuerzos. Esta incapacidad para concentrarte, junto con la falta de persistencia o estabilidad, está detrás de tus frecuentes cambios de trabajo.

Pareces un ser relajado, pero por dentro estás inquieto, incluso algo nervioso. Los numerosos amigos que atraes no solo están ahí para disfrutar de tu lado optimista, sino que les encantaría conocerte mejor... si se lo permitieras.

FORTALEZAS DOMINANTES	DEBILIDADES DOMINANTES
Inteligente	Materialista
Responsable	Tímido
Cooperativo	Impredecible
Adaptable	Testarudo
Cauto	Crítico
Perceptivo	Maniático
Despierto	Voluble
Positivo	Exigente
Flexible	Egocéntrico
Extrovertido	Presuntuoso

PERSPECTIVAS PROFESIONALES

Como Rata, eres una persona trabajadora, observadora e imaginativa; siempre llena de ideas. Tales características te convierten en una excelente candidata a escritor, gerente de recursos humanos o agente de relaciones públicas.

EN TU DÍA A DÍA

Destacas en roles de ventas y marketing, porque prosperas en todo trabajo que requiera interacción y comunicación. Pero una personalidad sociable no se trata solo de llevarse bien con los demás: es tu *genialidad*. Bien utilizada, te ayudará a avanzar, mejorar y alcanzar tu máximo potencial. Sin embargo, este aspecto social de tu carácter también puede ser tu perdición. Muy consciente de tus capacidades, eres propenso a comprometerte demasiado. Es cierto que llegarás lejos con tu talento, pero no pretendas abarcarlo todo.

Por el lado negativo, tiendes a flaquear en tiempos de incertidumbre, y si dudas en promover tus ideas o te atascas en la rutina burocrática, es posible que pierdas oportunidades de promoción. Siempre oportunista, tienes la costumbre de lanzarte irreflexivamente a planes para hacer dinero que desperdician tus energías. También puedes ser crédula y encontrarte fácilmente asumiendo más cargas de las que puedes. Concentrarse en una cosa a la vez es la mejor vía hacia el éxito para ti.

鼠

SENTIDO DEL NEGOCIO

En los negocios, eres una persona muy oportunista. Eres buena estableciendo metas, planificando y organizando actividades. Encantadora y discreta, mantienes tus emociones bajo control, dando a los demás la impresión de que siempre estás alerta. Pero no eres de largas discusiones, ni te apegas a un objetivo durante mucho tiempo. Esto no debería desanimarte, pero debería alentarte a buscar socios que te permitan aprovechar tus fortalezas, principalmente el manejo del personal y la moral de la oficina, mientras otros se encargan del resto.

A LARGO PLAZO

Con independencia de los trabajos que persigas, siempre cosecharás el éxito gracias a tu capacidad de adaptación y de reaccionar positivamente al cambio. Audaz y optimista, siempre te enfrentas a dificultades y desafíos con una actitud tranquila, confiando en tu instinto para salir adelante. Los desastres hacen que destaquen aún más tus capacidades. Como resultado, siempre te irá bien en los negocios. Cualquiera que sea el camino que elijas, ten por seguro que no sufrirás grandes pérdidas ni fracasos, y que es probable que logres algo más adelante, alrededor de los cincuenta años.

鼠

PERSPECTIVAS
DE VIDA DOMÉSTICA

Cuando se trata de asuntos familiares, haces todo lo posible para proveer y complacer a tus seres queridos. Persona cariñosa y atenta con los miembros de la familia y amigos, te sientes responsable de su bienestar. Pero procura no volverte sobreprotectora, ya que eso sería contraproducente.

EL HOGAR IDEAL

La casa de una persona Rata es un lugar seguro que protege de las dificultades de la vida. Todo debe ser práctico y de fácil acceso. El elemento agua es esencial para ti, así que llena tu hogar con fuentes, espejos y pinturas o decoraciones inspiradas en el agua. Presta especial atención al baño, utiliza los colores azul y dorado para lograr el equilibrio yin y yang necesario. Sobre todo, asegúrate de que tu hogar sea muy espacioso: con espacios abiertos, porque siempre estás en movimiento, y una gran sala donde los miembros de la familia puedan reunirse para aprender cosas juntos, tocar instrumentos musicales y demás. ¡Y algún escondite secreto! Puede que no seas tan valiente como los otros signos animales, pero eres una superviviente nata. Aunque no es necesario que tu hogar sea una fortaleza, disponer de un rincón seguro es esencial para esos momentos tranquilos de incertidumbre y reflexión.

VIDA EN FAMILIA

Las relaciones entre padres e hijos en tu hogar deben ser bastante plácidas. Altamente intuitiva de los estados de ánimo de tus pequeños, rara vez necesitas ayuda de libros o psicólogos infantiles para entrar en los mundos internos de tu descendencia. Tu naturaleza sensible y amorosa te permite crear una perfecta armonía y comprensión familiar. No eres de las personas que imponen una disciplina severa en casa; prefieres ganarte el respeto de tus hijos a través del amor y la confianza, en lugar del miedo. Nada te gusta más que contar historias de tus propias experiencias infantiles, cosa que te sirve para enseñar e inspirar a tus oyentes. Sin duda, tus hijos se beneficiarán de ello.

AMOR Y AMISTAD

Tu naturaleza optimista te convierte en una opción atractiva para socios potenciales y siempre contarás con muchos admiradores. Una vez instalado, puedes dar la impresión de ser descuidado, incluso un poco cobarde, pero en el fondo eres tierno y delicado. Eres extremadamente comprensivo y tolerante con las personas que amas.

MEJORES AMIGOS

A lo largo de tu larga y agitada vida, entablarás muchas amistades, en especial con otras personas del signo Rata y los nacidos bajo los signos del Buey, el Dragón y el Mono. También te llevas bien con los signos del Tigre, la Serpiente, el Gallo, el Perro y el Cerdo. Los de signo Conejo y Cabra son sensibles y te encuentran demasiado directo, mientras que los de signo Caballo son demasiado impredecibles para tus necesidades de seguridad.

PAREJAS SENTIMENTALES

Tu pareja perfecta es tu amigo secreto el Buey, que se sentirá atraído por tu pasión y que será fiel a vuestra unión. El Dragón comparte tu naturaleza directa y la necesidad de que se respete su espacio personal. La unión con un Mono puede ser armoniosa y próspera, y permitir que ambos continuéis descubriendo vuestro potencial. Si no logras encontrar uno de estos tres ideales, puedes establecer relaciones aceptables con los Tigre, que te entienden y con quienes no habrá grandes peleas. También es posible disfrutar de coincidencias complementarias con el fiable Conejo, el romántico Perro o el persistente Cerdo.

AMIGOS Y ALIADOS	RATA	DRAGÓN	MONO

LA PAREJA PERFECTA — BUEY

EL
BUEY

E l Buey es el segundo animal en la jerarquía del horóscopo chino. Debido a sus características animales de gran fuerza y resistencia, se ha convertido en un símbolo de diligencia, paciencia y perseverancia. También posee connotaciones de riqueza y prosperidad.

AÑOS DEL BUEY

1925, 1937, 1949, 1961, 1973, 1985, 1997, 2009, 2021, 2033

FECHAS DE LOS AÑOS DEL BUEY

Inicio	Fin	Tallo celestial	Rama terrenal
24 enero 1925	12 febrero 1926	Madera	Tierra
11 febrero 1937	30 enero 1938	Fuego	Tierra
29 enero 1949	16 febrero 1950	Tierra	Tierra
15 febrero 1961	4 febrero 1962	Metal	Tierra
3 febrero 1973	22 enero 1974	Agua	Tierra
19 febrero 1985	8 febrero 1986	Madera	Tierra
7 febrero 1997	27 enero 1998	Fuego	Tierra
26 enero 2009	13 febrero 2010	Tierra	Tierra
12 febrero 2021	31 enero 2022	Metal	Tierra
31 enero 2033	18 febrero 2034	Agua	Tierra

CARACTERÍSTICAS GENERALES

De todos los signos del Zodíaco chino, tú eres el de mayor fuerza y determinación. Eres increíblemente paciente, incansable en tu trabajo y capaz de soportar enormes dificultades sin quejarte. Tal estabilidad y persistencia inspiran confianza en los demás. Puede que no hables mucho, pero cuando lo haces, lo que dices es inteligente, articulado y elocuente. Gozas de una mente lógica y abordas cada tarea de una manera sistemática. Aunque no te impulsa la perspectiva de obtener ganancias financieras, parece que obtienes riqueza fácilmente debido a tu sinceridad.

Tu aura tranquila no debe confundirse con la falta de fuerza interior. Por el contrario, tu sentido del bien y el mal no tolera medios injustificados para lograr objetivos de vida. Tienes madera de buen líder debido a tu firmeza e independencia. Algunos pueden interpretar esta cualidad como dureza, pero para ti es simplemente dedicarte a las cosas que amas en la vida. Rara vez tomas una decisión sin sopesarla muy bien, pero una vez que comienzas algo, trabajarás en ello sin parar hasta su finalización.

牛

TIPOS DE BUEY POR AÑO DE NACIMIENTO

Es probable que, dependiendo del año en que naciste, muestres uno de estos cinco tipos de personalidad. El último número de tu año de nacimiento determina tu elemento feng shui, aunque hay que prestar atención a las fechas límite para determinar correctamente el signo animal. Esto es importante, en especial, si naciste en enero o febrero (véase El calendario lunar, pp. 12-13).

1 O 2	↔	TU ELEMENTO ES EL METAL	
3 O 4	↔	TU ELEMENTO ES EL AGUA	
5 O 6	↔	TU ELEMENTO ES LA MADERA	
7 U 8	↔	TU ELEMENTO ES EL FUEGO	
9 O 0	↔	TU ELEMENTO ES LA TIERRA	

BUEY DE MADERA

1925 ▪ 1985

Si bien eres una persona un poco conservadora, permaneces abierta a las ideas de los demás. Tu flexibilidad promete un gran éxito profesional, y en el trabajo te ganas el respeto por tu alta moralidad y tu capacidad natural para trabajar bien con los demás. Ten cuidado con la tendencia a enfurecerte cuando te provoquen, y trata de evitar la tendencia a ser demasiado sincera al expresar tus puntos de vista.

BUEY DE FUEGO

1937 ▪ 1997

Eres el más asertivo de todos los tipos de Buey, eres trabajador y muestras un verdadero potencial de liderazgo. Tu enfoque estricto, casi militante, de la vida, te hace superar incluso las situaciones más difíciles. Sin embargo, puedes ser terco y un poco mandón, cosa que otros interpretan como arrogancia. Procura evitar que esto se interponga en tu toma decisiones importantes.

BUEY DE TIERRA

1949 ▪ 2009

Eres un ser racional y tu perspectiva fundamentada es muy apreciada por los demás. Muy consciente de tus propias fortalezas y debilidades, no eres de los que se comprometen demasiado. Esto te convierte en un jugador de equipo influyente y un trabajador implacable en quien siempre se puede confiar para completar una tarea. Puede que no trabajes rápido, pero eres eficiente y reflexivo. Siempre práctico, tu posible defecto es que no expresas tus pensamientos o emociones fácilmente.

BUEY DE METAL

1961 ▪ 2021

Conocido y respetado por tu integridad, eres un socio o amigo excepcional. Tal vez no seas la persona más efusiva, pero se puede confiar en que cuidarás bien de tu familia. En el lugar de trabajo, aunque no parezcas un jugador de equipo, tu impulso y energía incansable te ayudan con cualquier proyecto que te propongas. Sin embargo, ten cuidado: una vez que te concentras en una determinada tarea, puede ser difícil para otros desviar tu atención a otra parte y esto puede conllevar rencores.

BUEY DE AGUA

1973 ▪ 2033

Por ser Buey, eres refrescantemente flexible, relajado y dispuesto a incorporar cambios en tu sistema... siempre y cuando no sean radicales. También eres más sociable que otros tipos de Buey y más abierto a otros puntos de vista. Siempre paciente y resistente, resolverás la mayoría de las cosas, tanto en el trabajo como en tu vida personal, de manera característicamente tranquila y discreta.

TIPOS DE BUEY POR MES DE NACIMIENTO

Con tu mes de nacimiento, identifica tu tipo de personalidad dominante en una palabra o frase.

ENERO	FEBRERO	MARZO
Creativa	Temperamental	Impredecible
ABRIL	**MAYO**	**JUNIO**
Tenaz	Indecisa	Indefinida
JULIO	**AGOSTO**	**SEPTIEMBRE**
Terca	Genial	Sagaz
OCTUBRE	**NOVIEMBRE**	**DICIEMBRE**
Franca	Organizada	Flexible

CONSEJOS DEL FENG SHUI

Los signos de la fortuna cambian para cada año, mes y día, y la mejor manera de rastrearlos es mediante un almanaque fiable de feng shui. La información que sigue ofrece solo una orientación general para el signo del Buey.

	Buena suerte	Mala suerte
Números	1, 4, 14, 41	4, 9, 49, 94
Días	12, 14, 17 del mes Día de éxito*: sábado Día de vitalidad**: miércoles	18 del mes Día de mala suerte***: jueves
Colores	Crema, beis, blanco, amarillo	Verde, azul
Direcciones	Noreste, norte, sur	Suroeste
Flores	De ciruelo, cerezo y melocotón, tulipán	

* DÍA DE ÉXITO — Este día está lleno de energía positiva, y se considera venturoso para actividades personales o eventos sociales.

** DÍA DE VITALIDAD — Es el día en que estás más activo y dinámico.

*** DÍA DE MALA SUERTE — Este día se considera desfavorable, y deberías evitarlo para realizar actividades personales o celebrar eventos sociales.

DATO ZODIACAL

El Buey es uno de los dos únicos signos animales del Zodíaco chino que también aparecen en la astrología occidental (el otro es la Cabra). Como el animal más fuerte de los doce signos del horóscopo chino, posee un significado especial en la agricultura, donde se considera el ayudante más importante de los humanos.

FORTALEZAS DE TU CARÁCTER

Eres una persona serena y motivada, pero tu aura tranquila no indica una falta de fuerza interior. Por el contrario, posees un sólido sentido del bien y del mal y no toleras medios injustificados para lograr objetivos de vida.

No eres de las que toman una decisión sin pensarla detenidamente, pero una vez que comienzas algo, trabajas sin parar para llevarlo a cabo. Este aspecto de tu personalidad puede jugar a tu favor si te dedicas a determinadas carreras. Das mucha importancia a tu autenticidad e independencia, y siempre insistirás en hacer las cosas a tu manera en lugar de ceder bajo la presión de aceptar sugerencias de otros.

Eres pacífica y sensata por naturaleza, te gusta gestionar las cosas a tu manera, lenta y constante. Pero ten cuidado, ya que tiendes a enfurruñarte si las cosas no salen como quieres. Tu increíble paciencia (casi) no conoce límites. Pueden llevarte al límite, pero una vez acorralada o enojada, eres una oponente feroz. ¡Los cuernos afilados y las fosas nasales humeantes son metáforas que me vienen a la mente!

牛

DEBILIDADES PERCIBIDAS

A veces te cuesta expresar tus emociones o puntos de vista. Algunos lo toman como señal de que eres una persona introvertida, pero es un simple reflejo de tu sangre resuelta de Buey. Te sientes obligada a enfrentarte sola a las dificultades, sin la ayuda de los demás.

Si tiendes a carecer de humor es porque eres práctica y eliges comunicarte en base a hechos: no eres de las personas que se pierden en fantasías de un mundo caprichoso. Al revés, tu enfoque se centra de pleno en la realidad del suelo que pisas.

Eres una gran consumidora de conocimiento, te gusta aprender cosas nuevas, pero con límites: una vez que estás en un camino determinado, es difícil persuadirte para que cambies de dirección. Debido a ello, es posible que te encuentres apegada a algo durante demasiado tiempo, ya sea en el trabajo o en tu vida personal. Habla contigo misma de vez en cuando para asegurarte de que este aspecto de tu personalidad no te detiene.

Presta atención a tu tendencia natural a la pulcritud y la organización. Esta peculiaridad también revela que eres exigente con la puntualidad y te resulta difícil no mostrar tu frustración cuando otros llegan tarde a un compromiso.

FORTALEZAS DOMINANTES	DEBILIDADES DOMINANTES
Trabajador	Intransigente
Fiable	Inseguro
Sincero	Solitario
Persistente	Adusto
Equilibrado	Conservador
Pertinaz	Distante
Determinado	Testarudo
Paciente	Estricto

PERSPECTIVAS PROFESIONALES

Dada tu naturaleza firme, encuentras gran valor y significado en un trabajo estable que realmente te interese. Cuando das con el trabajo ideal, te esfuerzas por sacarle todo el partido posible.

APROVECHA TUS FORTALEZAS

Con habilidades organizativas excepcionales y perseverancia, gozarás de éxito en la carrera que elijas. Entre los tipos de trabajos más adecuados para un Buey se encuentran los del sector de la agricultura, la política y cualquier cosa que requiera estudios avanzados. También puedes destacar si te dedicas a las artes.

Aunque aparentemente eres tranquilo en la vida diaria, puedes ser sociable y práctico, y en realidad posees excelentes habilidades de comunicación. Eres muy bueno para expresar tus pensamientos y te llevas bien con los demás sin problemas. Si aplicas tus puntos fuertes en el campo de las ventas, cosecharás éxitos e incluso podrías ganar mucho dinero: otros carecen de tus habilidades persuasivas.

Estable y autosuficiente, eres un buen líder, ya que rara vez buscas ayuda o consejo de los demás. Algunos consideran duros tus métodos, pero en realidad son una expresión de tu gran sentido de dedicación a las cosas que amas. A largo plazo, tu forma de trabajar demuestra que se puede confiar en que cumplirás con tus compromisos de entregar las tareas a tiempo. Con tal dedicación al trabajo, te ganas el respeto y el apoyo de los demás, que admiran el hecho de poder contar contigo.

TROPIEZOS HABITUALES

No caigas en la trampa de sentirte subestimado, ni pienses que tu talento se desperdicia o tus superiores no se dan cuenta de tu arduo trabajo y capacidades. En su lugar, procura trabajar bien con los superiores para que noten tu capacidad para hacer las cosas incluso en las situaciones más difíciles. Para lograrlo, modera tu terquedad y establece buenos canales de comunicación.

PERSPECTIVAS
DE VIDA DOMÉSTICA

Por naturaleza, eres predecible y tradicional. Por lo tanto, en términos de lealtad y apoyo, no decepcionas: harás casi lo que sea para garantizar la comodidad y seguridad de tus seres queridos. Sin embargo, cuando se trata de la vida familiar, tus formas algo disciplinarias pueden causar roces.

CON LOS HIJOS

Quizás no seas un ser muy efusivo, pero no hay duda de que eres cariñoso. Siempre provees y cuidas a tus hijos y nunca les falta nada que el dinero pueda comprar. Sin embargo, cuando se trata de disciplina, no seas demasiado exigente. Está en tu naturaleza querer que todo sea de una manera, pero no te pases de rígido, por tu propio bien. Por ejemplo, esperas obediencia y respeto, y no está mal que los esperes, pero para ganarte amor al mismo tiempo, intenta lograr un equilibrio donde el respeto sea mutuo. Compartir estos valores con tus hijos será una gran fuente de alegría para ti.

COMODIDAD HOGAREÑA

De acuerdo con tu carácter, tu hogar es tradicional e incluso con cierto aire rústico. La decoración es conservadora y acogedora, cálida y confortable. Te beneficiarás de vivir en una casa con grandes ventanales que permitan que los elementos naturales entren a raudales. Puedes prescindir de artilugios llamativos, y no necesitas espacios para esconder secretos, solo una morada normal para una vida tranquila y cómoda. Tus muebles son clásicos y robustos, ni demasiado modernos ni dependientes de la tecnología. Trata de incorporar más elementos de tierra y menos inspirados en la madera. La cerámica y la porcelana cumplen con este precepto: busca cuencos decorativos y llénalos con rocas y cristales de colores.

牛

AMOR Y AMISTAD

Como amigo o amante, puedes parecer reservado, pero esta impresión cambia y, con el tiempo, te revelas dulce y cariñoso. Estás muy dedicado a tus amigos y no es raro que una amistad de largo recorrido se convierta en una relación romántica.

COMPATIBILIDAD

Los mejores amigos y amantes de un Buey son la Rata, la Serpiente y el Gallo. Sin embargo, también puedes entablar relaciones significativas con Conejos, Perros, Monos y otro Buey. Pero te resulta difícil contar con el signo de Cabra en tu círculo, ya que compartes muy poco con él. Lo mismo cabe decir del Dragón, el Caballo y el Tigre. Selecciona a tus amigos, y especialmente a los amantes, con esmero. Para encontrar la persona que te gusta, necesitas tiempo. Sin embargo, una vez que conoces a esa persona especial, harás cualquier cosa para ganarte su afecto. Ningún otro signo demuestra tal perseverancia en el amor.

CARIÑOSO Y LEAL

Cuando un Buey da con el amor, adora a su pareja y no es de los que se distraen. Puede que no sea el mejor expresando sus sentimientos, pero las palabras no siempre son necesarias. Su sinceridad es a menudo evidente en sus acciones y rara vez deja de mostrar su verdadera intención. Sin embargo, ten cuidado con la falta de romanticismo y busca formas de ser más apasionado; haz lo posible para demostrarle que te importa. Al mismo tiempo, cualquiera que intente ganar tu atención no te impresionará con citas elegantes ni muestras de amor caras. Respondes mejor al compromiso leal y sincero, puro y simple.

AMIGOS Y ALIADOS	**BUEY**	**SERPIENTE**	**GALLO**

LA PAREJA PERFECTA — RATA

EL TIGRE

E l tercer signo animal en el Zodíaco chino es el Tigre, conocido ampliamente en toda China como el rey de todas las bestias. Feroz y fascinante, este animal es un símbolo popular de valentía y fuerza.

AÑOS DEL TIGRE

1926, 1938, 1950, 1962, 1974, 1986, 1998, 2010, 2022, 2034

FECHAS DE LOS AÑOS DEL TIGRE

Inicio	Fin	Tallo celestial	Rama terrenal
13 febrero 1926	1 febrero 1927	Fuego	Madera
31 enero 1938	18 febrero 1939	Tierra	Madera
17 febrero 1950	5 febrero 1951	Metal	Madera
5 febrero 1962	24 enero 1963	Agua	Madera
23 enero 1974	10 febrero 1975	Madera	Madera
9 febrero 1986	28 enero 1987	Fuego	Madera
28 enero 1998	15 febrero 1999	Tierra	Madera
14 febrero 2010	2 febrero 2011	Metal	Madera
1 febrero 2022	21 enero 2023	Agua	Madera
19 febrero 2034	7 febrero 2035	Madera	Madera

CARACTERÍSTICAS GENERALES

Eres un ser sensato, dado al pensamiento profundo y capaz de una gran compasión. Un líder nato, eres muy admirado por tu determinación y optimismo ilimitado. Tu personalidad magnética, junto con tu aire natural de autoridad, forman una combinación que te hace irresistible. Tiendes a ser consciente de tu imagen y cuidas tu reputación, lo cual no es difícil dada tu popularidad entre los que comparten tus puntos de vista.

Aunque eres un amigo valiente y generoso, te muestras propenso a ser inflexible y egocéntrico si no logras lo que quieres. Tu naturaleza ardiente puede meterte en problemas a veces; por ejemplo, por tu temperamento irritable. Asimismo, en ocasiones dudas, lo cual te conduce a una toma de decisiones deficiente o tardía.

Ser consciente de tus fortalezas puede hacerte sentir demasiado seguro y creer que no necesitas ayuda de los demás. Albergas potencial para ser un buen líder, si eres capaz de manejar los comentarios negativos y no tomarla contra nadie que critique tus actos.

TIPOS DE TIGRE POR AÑO DE NACIMIENTO

Es probable que, dependiendo del año en que naciste, muestres uno de estos cinco tipos de personalidad. El último número de tu año de nacimiento determina tu elemento feng shui, aunque hay que prestar atención a las fechas límite para determinar correctamente el signo animal. Esto es importante, en especial, si naciste en enero o febrero (véase El calendario lunar, pp. 12-13).

0 O 1	↔	TU ELEMENTO ES EL METAL
2 O 3	↔	TU ELEMENTO ES EL AGUA
4 O 5	↔	TU ELEMENTO ES LA MADERA
6 O 7	↔	TU ELEMENTO ES EL FUEGO
8 O 9	↔	TU ELEMENTO ES LA TIERRA

TIGRE DE FUEGO

1926 ▪ 1986

Lleno de energía, eres un ser que deja una impresión duradera en aquellos con quienes interactúa. Independiente y capaz, no te gusta volver la espalda ante ningún desafío. Tus reflejos rápidos y tu agudo sentido de la observación te convierten en un aprendiz rápido. Se puede confiar en que seguirás instrucciones de manera altamente eficiente. Posees habilidades de comunicación envidiables y, debido a tu elocuencia, puedes ser muy persuasivo; no te resulta un problema conseguir el apoyo de los demás.

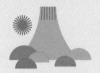

TIGRE DE TIERRA

1938 ▪ 1998

Eres un ser con una tremenda confianza en sí mismo, y con razón. Práctico y sensato, tomas decisiones basadas en el pensamiento deliberado y te resistes a la influencia de ideas fantasiosas que suenan muy bien, pero son difíciles de implementar. Con tu capacidad de trabajo y disciplina, puedes ser muy productivo. Eres capaz de adquirir un gran aprendizaje y siempre lo aplicas para lograr los mejores resultados. Dicho esto, te gusta confiar en lo que sabes y rara vez te convencen para probar cosas nuevas.

TIGRE DE METAL

1950 ▪ 2010

Quizás el más ambicioso de todos los nacidos bajo el signo del Tigre, cuentas con gran impulso y pasión. Tu nivel de energía es tal que no te detienes ante nada para hacer las cosas, incluso si superan tus expectativas. Sin embargo, tiendes a centrarte más en tus propios intereses que en los de los demás, y a lograr tus objetivos con independencia de los sentimientos de quienes te rodean. Los demás no siempre se toman este rasgo a la ligera.

TIGRE DE AGUA

1962 ▪ 2022

Eres un ser muy inteligente y prosperas en campos que involucran dinámicas humanas, como la enseñanza y la hospitalidad. Como excelente comunicador que eres, no te resulta un problema convencer a otros para apoyar causas nobles. Eres sensible a las necesidades de los demás y un buen modelo a seguir en la búsqueda de tus propios objetivos. De mente abierta, te muestras bastante dispuesto a probar nuevas ideas. Aunque a veces indeciso ante una situación complicada, eres persistente y no te rindes con facilidad.

TIGRE DE MADERA

1934 ▪ 1974

Como animal social que eres, te sientes cómodo en círculos diferentes con intereses variados y disfrutas de excelentes relaciones, algunas de las cuales te ayudan a alcanzar tus objetivos. Te gusta tomarte las cosas con moderación, por eso te es fácil obtener el apoyo de quienes te rodean. Mediador nato, eres de fiar para proteger a las personas débiles de los matones. Buscas lo bueno en los demás y no piensas mal de nadie sin razón. Sin embargo, ten cuidado, ya que esta cualidad te hace proclive a que otros te utilicen.

TIPOS DE TIGRE
POR MES DE NACIMIENTO

Con tu mes de nacimiento, identifica tu tipo de personalidad dominante en una palabra o frase.

ENERO	FEBRERO	MARZO
Sincera	Eficiente	Cálida
ABRIL	**MAYO**	**JUNIO**
Independiente	Graciosa	Corta de miras
JULIO	**AGOSTO**	**SEPTIEMBRE**
Energética	Independiente	Educada
OCTUBRE	**NOVIEMBRE**	**DICIEMBRE**
Afortunada	Extrovertida	Segura

CONSEJOS DEL FENG SHUI

Los signos de la fortuna cambian para cada año, mes y día, y la mejor manera de rastrearlos es mediante un almanaque fiable de feng shui. La información que sigue ofrece solo una orientación general para el signo del Tigre.

	Buena suerte	Mala suerte
Números	1, 3, 4, 13, 34	6, 7, 8, 67, 78
Días	5, 12, 27 del mes Día de éxito*: jueves Día de vitalidad**: sábado	3, 12, 14 del mes Día de mala suerte***: viernes
Colores	Verde, azul, gris, naranja	Rojo, marrón, blanco, amarillo
Direcciones	Noreste, este, sur, noroeste	Suroeste
Flores	Margarita, girasol, azucena, cineraria	

* DÍA DE ÉXITO — Este día está lleno de energía positiva, y se considera venturoso para actividades personales o eventos sociales.

** DÍA DE VITALIDAD — Es el día en que estás más activo y dinámico.

*** DÍA DE MALA SUERTE — Este día se considera desfavorable, y deberías evitarlo para realizar actividades personales o celebrar eventos sociales.

DATO DE FENG SHUI

Se cree que los tigres poseen poder exorcizante. Se cuelgan pinturas de tigres junto a las puertas principales de las casas con la creencia de que evitarán el robo o la entrada de espíritus malignos. Incluso hoy en día, los niños chinos usan gorras y zapatos diseñados con la imagen del tigre, y duermen sobre almohadas en forma de tigre para protegerse.

虎

FORTALEZAS DE TU CARÁCTER

Eres un ser con tanta presencia que, cuando entras en un lugar, parece que algo esté a punto de suceder. Fuerte, valiente y despierto, tienes un profundo sentido de la independencia, y la intensidad de tus sentimientos se muestra en tu forma de hablar y actuar. Abierto y franco, estás dispuesto a expresar tus sentimientos y esto te otorga la confianza de los demás. Rara vez te arrepientes de algo que has dicho.

Posees determinación, y una vez que decides algo, no cambias de parecer fácilmente. Tienes dificultades para aceptar el fracaso y, por lo tanto, tiendes a esforzarte mucho en la búsqueda del éxito. Logras tus objetivos de vida a través de la pura creatividad e imaginación. Ves las dificultades como meras oportunidades para ser valiente y salirte con la tuya. Dotado de confianza y porte regio, siempre impresionas con tu imagen de poder y autoridad. Por tu franqueza y coraje, eres una fuente de inspiración para los que te rodean. Una de tus mayores fortalezas es tu sentido de la equidad y la justicia, lo que te hace muy hábil para solucionar los problemas de los demás.

FORTALEZAS DOMINANTES	DEBILIDADES DOMINANTES
Seguro	Discutidor
Tolerante	Temperamental
Leal	Arrogante
Valiente	Irritable
Digno de confianza	Arrebatado
Inteligente	Traicionero
Determinado	Franco
Justo	Agresivo

DEBILIDADES PERCIBIDAS

Tiendes a distraerte con facilidad y pierdes rápidamente los estribos. Tales rasgos impulsivos pueden ser destructivos e incluso conducir a una caída, así que trata de mantenerlos bajo control. Aprende a esperar las cosas y verás los resultados favorables de tus esfuerzos. La perseverancia es clave.

Rara es la ocasión en la que no te mantengas firme, no seas fiel a tus principios o no persigas tus convicciones. Como ser directo, no te moderas al decir lo que piensas ni al expresar tus opiniones. Aunque no sea una debilidad en sí, eso te hace capaz de ser brutalmente franco. También tiendes a cuestionar la autoridad y la convención, como si hubieras nacido para ir en contra de la norma. Ten cuidado, pues esta actitud puede causar roces.

Ansioso por lograr éxitos rápidos y obtener beneficios instantáneos, te frustras fácilmente si fracasas. Cuando rechazan tus ideas, a menudo reaccionas de manera agresiva, discutiendo sobre asuntos triviales. Todo ello se deriva de la inquietud; si quieres una vida satisfactoria, necesitas templarla.

虎

PERSPECTIVAS PROFESIONALES

Te creces en entornos competitivos llenos de desafíos y oportunidades de generar nuevas ideas: siempre se puede confiar en que reaccionarás rápido a lo que sucede a tu alrededor. Sin embargo, la estabilidad no es tu prioridad. Por eso, eres un gran gerente, político, economista, empresario o defensor de la justicia. Los tigres tienden a estar bien conectados, lo cual es una ventaja para las actividades de creación de redes.

INICIOS

Los tigres jóvenes pueden ser bastante frívolos y aventureros: es posible que debas cambiar de carrera con frecuencia. También te frustras fácilmente, en especial si las cosas no salen según lo planeado. En pocas palabras, puedes ser un gran triunfador, pero te cuesta mantener el éxito. Puede resultar difícil superar los contratiempos desde el principio, pero ten por seguro que ganarás resiliencia más adelante en la vida. Con el tiempo, desarrollarás buenas habilidades de liderazgo que te servirán en tu trayectoria profesional. No te gusta recibir órdenes, por lo que es aconsejable abrirte camino en una ocupación que te permita establecer tus propias reglas.

VISIÓN POSITIVA

Posees grandes capacidades de liderazgo y saberlo te da la confianza para trabajar sin la ayuda de otros. Las habilidades organizativas excepcionales te permiten alcanzar puestos de responsabilidad y hacerte un buen nombre en tu campo. Posees un deseo innato de control y puedes ser muy persuasivo, lo cual te convierte en un buen candidato para la política. Junto con un fuerte sentido de la justicia, te atrae la lucha contra grupos o acontecimientos ilegales o injustos.

BUSCA EL EQUILIBRIO

Si te permites fiarte demasiado de tus habilidades, corres el riesgo de perturbar el esfuerzo del equipo, algo que nunca es útil en una situación de trabajo. Por otro lado, debes resistir tu tendencia a vacilar cuando se trata de tomar una decisión o a posponer asuntos que requieren atención urgente. También debes aprender a manejar los comentarios negativos. La respuesta no es arremeter contra la persona que realiza la crítica. Entiende que no se trata de algo personal y procura aprender de la experiencia.

PERSPECTIVAS
DE VIDA DOMÉSTICA

Posees habilidad para generar ingresos y nada te gusta más que compartir las ganancias con tu familia. Generoso hasta la médula, deseas que tus seres queridos vivan cómodamente y puedes ser impulsivo comprando regalos para hacerlos felices.

EL HOGAR IDEAL

Tu hogar es una extensión de tu personalidad: emocionante, brillante y divertido. Eres un animal yang, por lo que te sentirás limitado viviendo en un entorno con elementos yin: por ejemplo, encontrarás deprimente una decoración y accesorios de color oscuro.

Elige la madera sobre el metal cuando se trata de los elementos, para los muebles, por ejemplo, pero también puedes representar la madera utilizando plantas y flores dentro o fuera de tu hogar. Para los objetos metálicos, opta por lugares menos prominentes y almacénalos en estantes u ocultos a la vista. Te gusta ver representaciones de tu signo zodiacal: busca pinturas y piezas decorativas con tigres o plantéate hacerte con un gato.

LOS SERES MÁS QUERIDOS

Quizás no seas el más romántico de los signos del Zodíaco, pero eres cariñoso con los tuyos y no tienes problemas para expresar aquello que deseas para tus hijos. Quieres que destaquen y te llena de satisfacción ver cómo desarrollan su talento. Te gusta controlar los asuntos familiares, aunque estás lejos de ser autoritario. Siempre te muestras dispuesto a escuchar a tus hijos y satisfacer sus caprichos. No toleras el aburrimiento y participas activamente en la educación de tus hijos, además de ser el compañero de juegos ideal cuando se trata de actividades físicas y aventuras divertidas.

虎

AMOR Y AMISTAD

Te preocupa tu imagen, te gusta llamar la atención y cuidas de tu reputación. Eres un ser apasionado, intrépido, lleno de vigor y siempre tienes muy claro qué amas u odias. Algunos encuentran ese encanto y sinceridad difíciles de resistir. A pesar de tu exterior duro en apariencia, puedes ser tierno y sentimental.

AMIGOS Y AMANTES

Te llevas mejor con el Cerdo, tu amigo secreto, el Caballo, el Perro y el Tigre. Encuentras mucho interés amoroso, pero eliges solo a las personas que comparten tu inclinación por las sorpresas, aspiraciones de vida y grandes logros. Por lo tanto, tu pareja ideal será de carácter multifacético, capaz de desempeñar varios roles y, sobre todo, que comparta tu gusto por la aventura. Profesas una gran fe en el amor a primera vista, y no te interesa perder el tiempo en busca del amor. Si tus muestras de afecto no son correspondidas, puedes sentirte perdido. También valoras demasiado tu libertad personal como para sentar la cabeza demasiado temprano. En una relación a largo plazo, mantienes tu sentido de la aventura y esperas que la unión esté llena de amor y emoción, libre de restricciones, y siempre fresca e imprevisible.

VOTOS DE AMISTAD

Los nacidos bajo los signos de la Serpiente y el Mono no son relaciones ideales para ti. Tampoco eres compatible con los nacidos bajo el signo del Buey. Los compañeros Tigre a veces también pueden ser problemáticos, ya que comparten tus fortalezas y debilidades y pueden carecer de la voluntad de adaptarse a tu fuerte personalidad.

AMIGOS Y ALIADOS · TIGRE · CABALLO · PERRO

LA PAREJA PERFECTA — CERDO

EL CONEJO

El Conejo es el cuarto animal del Zodíaco chino. En los mitos y leyendas chinas, este animal es un símbolo de longevidad. Afectuosas y generosas, las personas nacidas en años del Conejo se consideran entre las más afortunadas.

AÑOS DEL CONEJO

1927, 1939, 1951, 1963, 1975, 1987, 1999, 2011, 2023, 2035

FECHAS DE LOS AÑOS DEL CONEJO

Inicio	Fin	Tallo celestial	Rama terrenal
2 febrero 1927	22 enero 1928	Fuego	Madera
19 febrero 1939	7 febrero 1940	Tierra	Madera
6 febrero 1951	26 enero 1952	Metal	Madera
25 enero 1963	12 febrero 1964	Agua	Madera
11 febrero 1975	30 enero 1976	Madera	Madera
29 enero 1987	16 febrero 1988	Fuego	Madera
16 febrero 1999	4 febrero 2000	Tierra	Madera
3 febrero 2011	22 enero 2012	Metal	Madera
22 enero 2023	9 febrero 2024	Agua	Madera
8 febrero 2035	27 enero 2036	Madera	Madera

CARACTERÍSTICAS GENERALES

El Conejo es un animal manso y tierno que se mueve rápido, y si naciste en el año del Conejo compartes estos rasgos de carácter. Por lo general, eres un ser modesto y mantienes relaciones agradables con quienes te rodean. No caes fácilmente en la ira cuando te provocan y tu temperamento calmado te ayuda a mantenerte alejado de conflictos y malentendidos. A pesar de esa fachada tranquila, eres sensato y no lo pensarás dos veces antes de salir de una situación incómoda porque no aceptas bien las críticas.

No dejas lugar para discusiones superficiales y la gente te admira por tu ingenio y excelentes habilidades de comunicación. Tus habilidades y memoria aguda son útiles en los negocios, en particular para los asuntos financieros. No pretenderás arreglar nada a menos que esté roto y prefieres malo conocido que bueno por conocer. Posees cualidades de buen gerente y líder, pero también eres un buen seguidor, que muestra gran respeto por la autoridad, y siempre te respetarán a ti por tu lealtad y dedicación al trabajo.

兔

✳ TIPOS DE CONEJO
POR AÑO DE NACIMIENTO

Es probable que, dependiendo del año en que naciste, muestres uno de estos cinco tipos de personalidad. El último número de tu año de nacimiento determina tu elemento feng shui, aunque hay que prestar atención a las fechas límite para determinar correctamente el signo animal. Esto es importante, en especial, si naciste en enero o febrero (véase El calendario lunar, pp. 12-13).

1 O 2	↔	TU ELEMENTO ES EL METAL	✛
3 O 4	↔	TU ELEMENTO ES EL AGUA	🌊
5 O 6	↔	TU ELEMENTO ES LA MADERA	🌿
7 U 8	↔	TU ELEMENTO ES EL FUEGO	🔥
9 O 0	↔	TU ELEMENTO ES LA TIERRA	🌑

CONEJO DE FUEGO

1927 ▪ 1987

Ingenioso y franco, entre todos los tipos de Conejo eres el que más probablemente esté a la vanguardia de cualquier actividad. Eres generoso y, de forma especial, sabes aprovechar las fortalezas de los demás y gestionar los desacuerdos. Un diplomático de considerable aptitud, resuelves conflictos sin crearte enemigos en el camino: te quieren y te respetan genuinamente por estos rasgos. Te pones el listón alto y no esperas menos de quienes te rodean. Ten cuidado con tus cambios repentinos de humor, ya que una reacción precipitada a una determinada situación puede ser contraproducente.

CONEJO DE TIERRA

1939 ▪ 1999

Deliberado y lógico en las formas, eres un ser diplomático que sopesa las cosas cuidadosamente: no tomas decisiones basadas en el impulso o la emoción. Esto te convierte en un gran jugador de equipo en quien siempre se puede confiar porque será objetivo y justo. A pesar de ser introvertido, te atrae la aventura y no temes probar cosas nuevas. Eres un pionero con ideas sensatas. A pesar de tu buen gusto, puedes ser bastante materialista e indulgente, nada bueno para administrar tus finanzas. Aunque afectuoso, presentas tendencia a priorizar tus propias necesidades en detrimento de las de los demás.

CONEJO DE METAL

1951 ▪ 2011

Posees un gran impulso y ambición. Planificas en silencio y te desenvuelves de manera impecable sin necesidad de ser el centro de atención. Las fuertes creencias nacidas de tu inteligencia y tu agudo análisis de las situaciones te hacen ser una persona reacia a comprometerte. La ambición pura y un profundo sentido de la responsabilidad se combinan con la creatividad y te hacen capaz de grandes logros con el menor esfuerzo. Aunque juegas con tus fortalezas para lograr cosas, lo haces sin pisar a los demás.

CONEJO DE AGUA

1963 ▪ 2023

No soportas la falta de armonía y, por lo tanto, prefieres la soledad que estar en un grupo grande. Entonces es cuando te sientes más fuerte. Tiendes a seguir tu corazón en lugar de tu cabeza, y eres muy sensible a los sentimientos de los demás. Esa misma sensibilidad a veces te hace sospechar de los motivos de una persona. En otras ocasiones, te resulta difícil tomar decisiones firmes. Trata de fomentar relaciones significativas con quienes te rodean, puesto que el apoyo de otros te permitirá reaccionar mejor ante situaciones complejas.

CONEJO DE MADERA

1975 ▪ 2035

Eres el tipo de Conejo al que le resulta fácil adaptarse a diferentes situaciones. Posees todos los rasgos necesarios del compañero de equipo ideal: estabilidad, fiabilidad y la aceptación de los demás. Ten en cuenta que la desventaja es una cierta inconstancia. En los intentos por adaptarte a las diferentes opiniones de los demás, a veces te resulta difícil tomar tus propias decisiones. Amante de la paz, toleras las faltas y evitas los desafíos para no ofender a nadie. Tu generosidad te empuja a un gasto excesivo. Aunque lo destines a beneficiar a otros, debes controlar tus gastos para mantener estable tu economía.

TIPOS DE CONEJO
POR MES DE NACIMIENTO

Con tu mes de nacimiento, identifica tu tipo de personalidad dominante en una palabra o frase.

ENERO	FEBRERO	MARZO
Despreocupada	Grácil	Errática
ABRIL	**MAYO**	**JUNIO**
Meticulosa	Simple	Realista
JULIO	**AGOSTO**	**SEPTIEMBRE**
Equilibrada	Determinada	Equívoca
OCTUBRE	**NOVIEMBRE**	**DICIEMBRE**
Emocional	Directa	Autosuficiente

兔

CONSEJOS DEL FENG SHUI

Los signos de la fortuna cambian para cada año, mes y día, y la mejor manera de rastrearlos es mediante un almanaque fiable de feng shui. La información que sigue ofrece solo una orientación general para el signo del Conejo.

	Buena suerte	Mala suerte
Números	3, 4, 6, 43, 46	1, 7, 8, 17, 18
Días	11, 12, 27 del mes Día de éxito*: jueves Día de vitalidad**: sábado	18, 25, 26 del mes Día de mala suerte***: viernes
Colores	Rojo, verde, rosa, morado, azul	Marrón oscuro, amarillo oscuro, blanco
Direcciones	Este, sur, noroeste	Norte, oeste, suroeste
Flores	Jazmín de Arabia, jazmín, hermosa de día, hosta	

* DÍA DE ÉXITO Este día está lleno de energía positiva, y se considera venturoso para actividades personales o eventos sociales.

** DÍA DE VITALIDAD Es el día en que estás más activo y dinámico.

*** DÍA DE MALA SUERTE Este día se considera desfavorable, y deberías evitarlo para realizar actividades personales o celebrar eventos sociales.

DATO DE FENG SHUI

Según la tradición china, se puede ver la figura de un conejo en la Luna, mascota de la diosa china de este astro, llamada Chang'e. El conejo simboliza la pureza y la buena fortuna.

FORTALEZAS DE TU CARÁCTER

Eres un alma amable y educada, experta en manejar tus relaciones. De muchos amigos, causas buena impresión en la gente cuando la conoces. Das prioridad a tu apariencia y a tu forma de vestirte, y esto sirve para hacerte aún más popular.

Eres conocida por lo organizada y exigente que resultas con el orden. No haces cambios rápidos ni tomas decisiones arrebatadas, sino que prefieres seguir la máxima de no tocar lo que ya funciona. Ante dos opciones, eliges el camino probado y comprobado en lugar de lo nuevo. Responsable y paciente, siempre juegas limpio y ofreces crédito a quien lo merece. Eres una excelente jugadora de equipo.

De todos los animales del Zodíaco chino, se te considera la persona más afortunada y es probable que disfrutes de buena suerte en la vida. Confías en tu talento y habilidades, y tiendes a tomarte las cosas a la ligera, pasando por alto detalles que de otro modo serían significativos. Pero debido a tus perspectivas generalmente prometedoras, existen pocos desafíos reales a los que debas enfrentarte.

FORTALEZAS DOMINANTES	DEBILIDADES DOMINANTES
Sincero	Testarudo
Compasivo	Tímido
Sensible	Conservador
Amigable	Lujurioso
Modesto	Circunspecto
Clemente	Manipulable
Responsable	Vacilante
Paciente	Indeciso

DEBILIDADES PERCIBIDAS

Como ser inherentemente conservador, puedes resultar lento para tomar medidas, en particular en los momentos más difíciles. Por esta razón, tiendes a evitar situaciones estresantes y arriesgadas y no te gusta que te obliguen a tomar decisiones apresuradas. Tu vena pesimista te hace reacio a tomar riesgos y te impide confiar en los que te rodean.

Si bien eres emocionalmente estable en general, también puedes ser bastante delicado y cauteloso a veces. Mientras seas feliz, todo va bien, pero si sientes que algo va mal, tiendes a hacer lo posible para corregirlo. Esto puede representar un problema y es posible que te tomes una situación demasiado en serio. Aparentas serenidad y te mantienes callado, pero no lo pensarás dos veces antes de encontrar una salida de un aprieto porque no soportas las críticas.

Aunque tu estilo de vida es más bien apacible y tranquilo, te aburres cuando las cosas se vuelven demasiado predecibles. Vigila tus finanzas, puesto que puedes ser un manirroto y no preocuparte por el futuro.

兔

PERSPECTIVAS PROFESIONALES

Inherentemente inteligente, eres un ser muy admirado por tu ingenio y sabiduría y por tu capacidad para participar en conversaciones significativas. Con tan excelentes habilidades de comunicación y la manera respetable en que te presentas, eres el candidato ideal para puestos directivos en el mundo corporativo. El hecho de que seas también la persona a quien acudir para asuntos financieros lo respalda.

HABILIDADES DE LIDERAZGO

Mientras que otros perciben que eres demasiado relajado, lo que realmente deseas es estar seguro de hacer las cosas correctamente. Esta mentalidad es útil en situaciones difíciles porque no te entra el pánico: siempre propones un plan de acción. Como líder de proyecto, te aseguras de que las cosas vayan bien y a tiempo.

CAMINOS DIVERSOS

Incluso si no te encuentras en una posición de liderazgo, prosperas, gracias a tu gran respeto por la autoridad, tu lealtad y dedicación. No importa qué camino elijas, siempre demuestras ser responsable y te aplicas a la tarea en cuestión. Tu persistencia te lleva a hacer todo lo posible para permanecer en tu profesión elegida. Debido a tu sensibilidad estética, quizás te atraiga el trabajo creativo. Eres bueno con las manos, por ejemplo, lo cual te hace indicado para tareas que requieran el manejo de herramientas. También eres adecuado para trabajos de observación y atención al detalle, y te desenvuelves bien en los campos de la atención médica, la educación, la religión y la política. Con tu amplia red social, eres un buen candidato como relaciones públicas.

ACEPTA EL RIESGO

A pesar de tus envidiables habilidades de relación, puedes ser bastante reservado. No te lanzas sin red y prefieres errar siendo precavido. Tampoco te gusta la competencia y te incomoda que te presionen para que te arriesgues. Sin embargo, ten cuidado, ya que tu propensión a la seguridad puede hacerte perder buenas oportunidades.

PERSPECTIVAS DE VIDA DOMÉSTICA

Si bien eres un modelo muy respetado de profesionalidad en el trabajo, en casa eres amoroso con los tuyos, y te dedicas a los hijos de manera incondicional.

CON LOS HIJOS

Gozas de la energía para cumplir con tus deberes familiares sin mucha ayuda de los demás, desde vigilar el comportamiento de tus hijos hasta ayudarles con sus deberes. Estás comprometido con cada tarea que asegure su desarrollo como niños responsables y educados. Desde el principio, intentas inculcar valores positivos en tu descendencia. Por lo general, estos jóvenes aprenden enseguida que las cosas materiales son de poca importancia. En cambio, lo importante es crear momentos felices con los seres queridos. No te detendrás ante nada para conseguir que tus hijos disfruten de momentos de diversión y vacaciones memorables con familiares y amigos.

ESTILO DE HOGAR

Tu hogar es la esencia de la Pascua, lleno de colores pastel y actividades infantiles. La energía yang del Conejo debe estar allí en forma de muebles y decoración de madera, pinturas de árboles y plantas naturales en un exuberante jardín o exterior. Es mejor evitar el elemento metálico, ya que sirve como recordatorio de una jaula que restringe el movimiento del enérgico Conejo. Para dar sensación de calidez y comodidad, debe haber muchas almohadas y mantas mullidas, y los cojines y colchones deben ser blandos.

Tu casa puede no ser una mansión, pero contiene lo esencial para un estilo de vida cómodo. Tu buen gusto se refleja en la decoración: con algunos artículos caros, tal vez una obra de arte y antigüedades con clase, pero no a expensas de la comodidad familiar.

兔

AMOR Y AMISTAD

Inicialmente, andas con precaución tanto en las relaciones amistosas como en las amorosas, pero esta cautela desaparece gradualmente con el tiempo y comienzas a abrirte. Valoras tus amistades, eres popular y las personas cercanas te admiran.

PAREJAS IDEALES Eres más compatible románticamente con tu amigo secreto, el Perro, de quien puedes enamorarte a primera vista. Con la Cabra, el Cerdo y el Mono también haces buenas migas. Los problemas de dinero pueden interponerse en la relación con una Serpiente. Las cosas también pueden complicarse con el Gallo: no te tomas las críticas a la ligera y los Gallos pueden ser demasiado directos y espontáneos para tu gusto.

Profundamente emocional, puedes ser implacable al tratar de conseguir un amor. Junto con un ego frágil y poca confianza en ti mismo, es posible que te preocupes demasiado por una relación. Tiendes a apegarte demasiado a la pareja, que puede encontrar este apego agotador o incluso sofocante. Cualquier muestra de desconfianza hace disparar alarmas: recuérdalo si quieres mantener una relación feliz y estable. No te gusta el conflicto y buscas el acuerdo siempre que sea posible. Sin embargo, no siempre lo es, así que procura no dejar que las decepciones te afecten.

Quien se enamora de ti te encuentra un ser misterioso al principio, pero cuando te conocen mejor, descubren que eres equilibrado y romántico. Puedes ser sensible, pero también considerado. Cuando se ganan tu corazón, sientes alegría y dejas que tu ternura aflore y te conviertes en un compañero de vida ideal.

AMIGOS Y ALIADOS

CONEJO CABRA CERDO

LA PAREJA PERFECTA — **PERRO**

EL
DRAGÓN

El Dragón es la única criatura mítica del Zodíaco chino y se cree que es uno de los signos más afortunados. Inteligente y meticuloso, un Dragón establece altos estándares para sí mismo y tiende a ser perfeccionista en todo.

AÑOS DEL DRAGÓN

1928, 1940, 1952, 1964, 1976, 1988, 2000, 2012, 2024, 2036

FECHAS DE LOS AÑOS DEL DRAGÓN

Inicio	Fin	Tallo celestial	Rama terrenal
23 enero 1928	9 febrero 1929	Tierra	Tierra
8 febrero 1940	26 enero 1941	Metal	Tierra
27 enero 1952	13 febrero 1953	Agua	Tierra
13 febrero 1964	1 febrero 1965	Madera	Tierra
31 enero 1976	17 febrero 1977	Fuego	Tierra
17 febrero 1988	5 febrero 1989	Tierra	Tierra
5 febrero 2000	23 enero 2001	Metal	Tierra
23 enero 2012	9 febrero 2013	Agua	Tierra
10 febrero 2024	28 enero 2025	Madera	Tierra
28 enero 2036	14 febrero 2037	Fuego	Tierra

CARACTERÍSTICAS GENERALES

Si naciste en el año del Dragón, eres un ser con un carisma natural y te gusta hacer las cosas a lo grande. Estás bendecido con la buena suerte. Sin duda disfrutas siendo el centro de atención, pero esto no te hace menos caritativo. No vacilas en ayudar a un amigo necesitado, y cuando todos los demás se rinden, das un paso adelante para resolver un problema con autoridad y dignidad.

Tu positividad brilla incluso en las situaciones más difíciles. Al ser abierto, eso equilibra tus puntos de vista osados y los otros comulgan con ellos, independientemente de lo controvertidos que sean los temas. Confías rápidamente en los demás, algo de lo que no debes abusar, porque te resulta muy difícil perdonar una vez que alguien traiciona esa confianza.

Posees el don del poder, que por lo general manejas bien, pero puedes ser egoísta, ambicioso y esnob. A veces no te detendrás ante nada para conseguir lo que quieres. Es aconsejable que controles esto, ya que corres el riesgo de volverte agresivo, determinado y dominante en tu propio detrimento.

✳ TIPOS DE DRAGÓN POR AÑO DE NACIMIENTO

Es probable que, dependiendo del año en que naciste, muestres uno de estos cinco tipos de personalidad. El último número de tu año de nacimiento determina tu elemento feng shui, aunque hay que prestar atención a las fechas límite para determinar correctamente el signo animal. Esto es importante, en especial, si naciste en enero o febrero (véase El calendario lunar, pp. 12-13).

0 O 1	↔	TU ELEMENTO ES EL METAL	✛
2 O 3	↔	TU ELEMENTO ES EL AGUA	🐚
4 O 5	↔	TU ELEMENTO ES LA MADERA	🌿
6 O 7	↔	TU ELEMENTO ES EL FUEGO	🕊
8 O 9	↔	TU ELEMENTO ES LA TIERRA	✿

DRAGÓN DE TIERRA

1928 ▪ 1988

Eres el tipo Dragón más amigable, y también el más estable y equilibrado. Sin embargo, aunque eres agradable, pareces impersonal porque tiendes a favorecer las cosas prácticas y realistas sobre las más divertidas o poco convencionales. Este enfoque basado en el sentido común te convierte en una persona completa con sólidas convicciones morales. Dedicas mucho tiempo a la introspección y posees motivación para mejorar; no tardarás en desarrollar tu talento innato a través de la paciencia y el trabajo duro. Generas riqueza, debido a tu pericia empresarial y creatividad, habilidades que utilizas para el bien de los demás.

DRAGÓN DE METAL

1940 ▪ 2000

Dotado de gran poder y fuerza, eres un líder natural. Si bien te hace feliz trabajar de forma independiente, utilizas tu personalidad ganadora para construir un equipo de apoyo a tu alrededor. Resultas convincente, y cada una de tus intervenciones se toma como una invitación al éxito. Nunca retrocedes ante un desafío y no consideras el fracaso una opción. Te cuesta tolerar la pereza y la complacencia. Puede que no te des cuenta, pero puedes ser muy crítico al expresar tus puntos de vista.

DRAGÓN DE AGUA

1952 ▪ 2012

A diferencia de los otros tipos de Dragón, eres tranquilo y sereno. Bajo tu apariencia relajada hay una mente clarividente y equilibrada, que te convierte en un negociador efectivo. Te tomas tiempo para pensar las cosas antes de elegir tus movimientos. Eres trabajador, gozas de un buen sentido del humor y muestras moderación para callarte tus pensamientos cuando es necesario. No te consideras con derecho a las cosas, y no te sientes un fracaso cuando una puerta se te cierra; más bien, lo aceptas como parte del proceso de aprendizaje que es la vida.

DRAGÓN DE MADERA

1964 ▪ 2024

Naturalmente curioso por las cosas que te rodean, eres el tipo de Dragón que no teme explorar lo desconocido. No te intimida fácilmente lo que digan los demás, te encargas de abrir un camino donde no lo hay y tu valentía atrae la buena fortuna. Dotado de un carácter creativo, la gente te adora por tu generosidad e ideas innovadoras. A diferencia de otros tipos de Dragón, no eres beligerante; rara vez invades un territorio ajeno y siempre eliges la armonía sobre la discordia.

DRAGÓN DE FUEGO

1976 ▪ 2036

Eres el más competitivo de todos los Dragones, estás lleno de ambición y estableces altos estándares en todos los aspectos de tu vida. De gusto refinado en la música y las artes, para algunos pareces distante. Tus habilidades de comunicación son útiles para avanzar en tu carrera y te procuran el respeto y la admiración de los demás. Eres un gran líder debido a tus fuertes creencias, pero necesitas controlar tu temperamento y tu método autoritario. Tiendes a dejar que tus sentimientos gobiernen tus acciones, cosa que podría reducir tus opciones. También eres propenso a favorecer tu propio juicio con poca consideración por los sentimientos de los demás.

TIPOS DE DRAGÓN
POR MES DE NACIMIENTO

Con tu mes de nacimiento, identifica tu tipo de personalidad dominante en una palabra o frase.

ENERO	FEBRERO	MARZO
Cortés	Lógica	Dominante
ABRIL	**MAYO**	**JUNIO**
Generosa	Afectuosa	Ejemplar
JULIO	**AGOSTO**	**SEPTIEMBRE**
Trabajadora	Sagaz	Prudente
OCTUBRE	**NOVIEMBRE**	**DICIEMBRE**
Tenaz	Perceptiva	Resuelta

CONSEJOS DEL FENG SHUI

Los signos de la fortuna cambian para cada año, mes y día, y la mejor manera de rastrearlos es mediante un almanaque fiable de feng shui. La información que sigue ofrece solo una orientación general para el signo del Dragón.

	Buena suerte	Mala suerte
Números	1, 6, 7, 16, 17	3, 8, 38, 83
Días	3, 6, 12 del mes Día de éxito*: domingo Día de vitalidad**: miércoles	8, 9, 11 del mes Día de mala suerte***: jueves
Colores	Beis, dorado, plateado, gris, blanco	Negro, marrón
Direcciones	Sureste, este, oeste, suroeste	Noroeste
Flores	Clerodendro africano, clerodendro, boca de dragón	

* DÍA DE ÉXITO	Este día está lleno de energía positiva, y se considera venturoso para actividades personales o eventos sociales.
** DÍA DE VITALIDAD	Es el día en que estás más activo y dinámico.
*** DÍA DE MALA SUERTE	Este día se considera desfavorable, y deberías evitarlo para realizar actividades personales o celebrar eventos sociales.

DATO CURIOSO

El dragón es el tema de muchos dichos y modismos chinos populares. Por ejemplo, desear que el hijo de un padre «se convierta en un dragón» significa que desea que ese niño tenga éxito. La expresión «un dragón entre hombres» se refiere a una persona excepcionalmente talentosa.

龙

FORTALEZAS DE TU CARÁCTER

Líder natural, eliges a las personas de quienes deseas rodearte. Los de tu círculo más cercano pertenecen a él por la lealtad y amabilidad que están dispuestos a darte. Con tus cualidades de liderazgo, las personas no dudan en seguirte porque confían en tus conocimientos y capacidades.

Gracias a tu naturaleza amigable, eres una persona muy querida y, con tu vitalidad, siempre acabas siendo el centro de atención. Es una situación donde te creces. Incluso en las circunstancias más difíciles, tu positividad brilla y hace que te ganes el respeto de quienes te rodean.

Confías en tus puntos de vista y no dudas en dar tu opinión sobre las cosas, independientemente de lo que piensen los demás. Eres firme y te muestras segura de lo que quieres, y trabajas sin descanso en la búsqueda de tus sueños. Ni tu suerte ni tu energía parecen tener límites, y eres de las que aprovechan el momento.

DEBILIDADES PERCIBIDAS

Eres perfeccionista y a menudo criticas a los demás si no cumplen con tus estándares. Tu falta de tacto te causa problemas, pero a veces ser una persona tan abierta consigue contrarrestar este inconveniente. Aunque enseguida confías en los demás, te resulta complicado perdonar a alguien que te traiciona. Impaciente e intolerante con los retrasos, tiendes a actuar impulsivamente. Una vez tomada la decisión de actuar, lo haces de inmediato en lugar de esperar a ver qué pasa.

Esa aura de liderazgo que algunos ven en ti puede percibirse como demasiado autoritaria o arrogante. La incapacidad de ser del todo transparente con tus emociones da la impresión de que estás siendo distante. Cuando tu sentido del poder se manifiesta como agresividad, puede nublar tu juicio; peor aún, puede costarte amistades. Muchas de estas debilidades provienen de tu autoconfianza, que puede llegar a ser exagerada. Busca maneras de moderar este exceso, y tu vida será menos difícil.

FORTALEZAS DOMINANTES	DEBILIDADES DOMINANTES
Encantador	Engreído
Energético	Excéntrico
Decidido	Brusco
Considerado	Pasional
Sensible	Intolerante
Ambicioso	Poco realista
Romántico	Crítico
Aventurero	Pedante

PERSPECTIVAS PROFESIONALES

Encarnas una firme determinación y una sólida ambición. Piensas rápido y destacas en campos mentalmente agotadores para otros. Es más, eres un ser que piensa abiertamente y también un buen líder si te dan rienda suelta para desarrollar tus ideas. Los sectores que se adaptan a tu manera de ser son la política, los medios de comunicación, las relaciones públicas y el entretenimiento, donde tu personalidad extrovertida goza de espacio para brillar.

LÍDER DE EQUIPO

Aventurero, ambicioso y muy motivado, una vez que has establecido tus objetivos, harás todo lo posible para lograr el éxito. Tu pasión innata se muestra en cómo te proyectas, con elocuencia y autoridad. Eres encantador y te resulta fácil ganar el apoyo de los demás. Tu lugar ideal está a la cabeza de un equipo. Posees visión, eres excelente para planificar y generar ideas, pero necesitas la ayuda de otros para hacerlas realidad. Si bien la confianza en ti mismo ejerce un papel clave, también puede obstaculizar tu desarrollo personal. Recuerda: debes bajar un poco el tono si quieres crear relaciones duraderas.

NUEVOS HORIZONTES

Tus esfuerzos profesionales darán fruto a los cuarenta, pero las cosas pueden ir a menos a medida que envejeces. No tienes problemas para ganar dinero –que, al fin y al cabo, no es lo más importante en tu vida–, pero es posible que te enfrentes a dificultades que requieran persistencia. Crear nuevas oportunidades es la clave para una vida adulta rica y estable. Aparte de tu energía ilimitada, gozas de otro regalo: la suerte. Aprovéchala, junto con tus brillantes habilidades de liderazgo, para construir una carrera exitosa y marcar la diferencia en cualquier campo o profesión.

PERSPECTIVAS DE VIDA DOMÉSTICA

A una casa con la influencia de un Dragón le faltan pocas cosas. De la misma manera que sabes cómo construir un imperio, estás listo y dispuesto a compartir tu riqueza con los miembros de la familia. Sabes lo que vales como persona, y eres generoso con palabras amables y provisiones materiales.

UN AMBIENTE ACOGEDOR

Los Dragones necesitan compartir sus ideas con otros, incluidos los miembros de la familia, y tú no eres una excepción. Te encantan las reuniones con amigos y familiares de público. Tu hogar debe contar con un espacio grande y acogedor donde acomodar a los invitados, para que se sientan con libertad de movimiento. Te encanta exhibir tu riqueza y buena fortuna, y tu hogar es tu forma de mostrar a los demás que eres un buen proveedor.

El metal es un elemento positivo para ti y, ciertamente, te gustan los colores dorado y plateado y las cosas que brillan. También te sientes cómodo con los colores rojo y amarillo, pero no con el verde y el azul. Llenas tu hogar de luces, con todo tipo de lámparas y velas decorativas para crear un ambiente feliz.

UN TIPO DOMINANTE

Obstinado, no temes enfrentarte a desafíos fuera o dentro de tu hogar, y esto puede convertirte en un ser bastante exigente con quienes viven bajo tu techo. Estás decidido a criar hijos independientes y quieres que crezcan y sean como tú. Aunque lo hagas con buenas intenciones y amor profundo, debes procurar no ser demasiado dominante. Resiste el impulso de presionar a tu descendencia si consideras que carecen de iniciativa para tener éxito. Permíteles desarrollar su talento y lograr sus objetivos a su ritmo. Sobre todo, trata de refrenar tu temperamento: te provocan fácilmente y eres propenso a arrebatos de los que luego te arrepientes.

AMOR Y AMISTAD

Por naturaleza, tu deseo innato de perfección se extiende a tus relaciones con los demás. En la búsqueda de la pareja ideal, inicialmente te sientes inseguro y vacilante ante un compromiso permanente. Pero una vez que tomas la iniciativa, quieres que la relación dure.

COMPATIBILIDAD

Como persona extrovertida, eres compatible con tu amigo secreto, el Gallo. Encontrarás buenos aliados en el Mono, la Rata y otros Dragones. También te va bien con el Tigre, la Serpiente, el Conejo y el Caballo. Sin embargo, es posible que no estés de acuerdo con el Perro o el Buey, que tienden a ser un poco tranquilos para ti. Además, vuestros estilos contradictorios amenazan con estropear una relación. También te cuesta trabajar con un Tigre, porque ambos son de personalidades sólidas y agresivas, que inevitablemente chocan.

DE LENTO ARRANQUE

Tu vena tan independiente te inclina a evitar las relaciones románticas, a pesar de contar con muchos admiradores que se enamoran de tu encanto y buena apariencia. También tiendes a ser una persona bastante pasiva y no persigues activamente tu interés amoroso: prefieres dejar que una relación se desarrolle por sí sola. Sin embargo, una vez que estás comprometida, cosa que suele suceder tarde en la vida, eres una compañía sincera y generosa, y disfrutas de una vida tranquila y armoniosa.

AMIGOS Y ALIADOS	RATA	DRAGÓN	MONO

LA PAREJA PERFECTA — GALLO

LA RUEDA

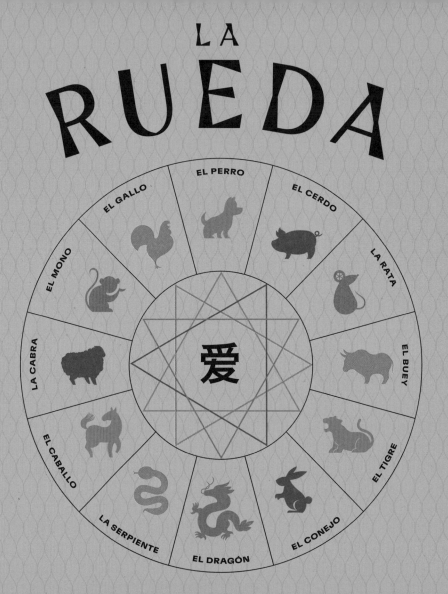

EL PERRO

EL GALLO

EL CERDO

EL MONO

LA RATA

LA CABRA

爱

EL BUEY

EL CABALLO

EL TIGRE

LA SERPIENTE

EL CONEJO

EL DRAGÓN

DEL
AMOR

CLAVE DE COMPATIBILIDAD

♥ Rata, Dragón, Mono

♥ Tigre, Caballo, Perro

♥ Buey, Serpiente, Gallo

♥ Conejo, Cabra, Cerdo

Usa la rueda del amor para encontrar los signos más compatibles para relaciones duraderas. Sigue la fórmula «triangular» para hallar las mejores coincidencias.

PAREJAS PERFECTAS

Además de los amigos y aliados de la fórmula triangular, cada animal cuenta con un «amigo secreto». Los amigos secretos suelen ser los mejores amantes.

RATA	↔	BUEY
CERDO	↔	TIGRE
PERRO	↔	CONEJO
CABRA	↔	CABALLO
MONO	↔	SERPIENTE
GALLO	↔	DRAGON

MALAS COMBINACIONES

Para encontrar a tu pareja menos compatible, busca el signo que está enfrente del tuyo en la rueda. En la astrología china, ¡los opuestos no se atraen!

RATA	↔	CABALLO
BUEY	↔	CABRA
TIGRE	↔	MONO
CONEJO	↔	GALLO
DRAGÓN	↔	PERRO
SERPIENTE	↔	CERDO

LA SERPIENTE

L a Serpiente es el sexto animal del Zodíaco chino. Inherentemente innovador, es símbolo de conocimiento. Encantadora e intuitiva, la Serpiente se considera la más enigmática y sabia de todos los signos.

AÑOS DE LA SERPIENTE

1929, 1941, 1953, 1965, 1977, 1989, 2001, 2013, 2025, 2037

FECHAS DE LOS AÑOS DE LA SERPIENTE

Inicio	Fin	Tallo celestial	Rama terrenal
10 febrero 1929	29 enero 1930	Tierra	Fuego
27 enero 1941	14 febrero 1942	Metal	Fuego
14 febrero 1953	2 febrero 1954	Agua	Fuego
2 febrero 1965	20 enero 1966	Madera	Fuego
18 febrero 1977	6 febrero 1978	Fuego	Fuego
6 febrero 1989	26 enero 1990	Tierra	Fuego
24 febrero, 2001	11 febrero 2002	Metal	Fuego
10 febrero 2013	30 enero 2014	Agua	Fuego
29 enero 2025	16 febrero 2026	Madera	Fuego
15 febrero 2037	3 febrero 2038	Fuego	Fuego

CARACTERÍSTICAS GENERALES

Puede que seas una persona que tenga poco que decir, pero posees una gran sabiduría. Todo lo haces con determinación y no soportas fracasar. Debido a ello, y al hecho de que no siempre te fías del juicio de los demás, prefieres confiar en ti misma e incluso tiendes a pasarte. De apariencia tranquila, en el fondo eres intensa y apasionada. Sientes una tremenda compasión por los demás y a menudo tratas de ayudar a los menos afortunados que tú. Sin embargo, esto no te impide ser algo vanidosa, y a veces egoísta y tacaña.

Afortunada con tu economía, nunca te preocupará el dinero. Es probable que seas bella y que experimentes relaciones problemáticas por ser voluble. Valoras tu privacidad y tiendes a guardar secretos. Esto no te convierte en un jugador de equipo ideal, sino que te hace parecer distante a veces; sin embargo, esta debilidad se compensa con tus elevados niveles de energía y pasión. No te conformarás con ser una segundona, y con tu talento, serás capaz de mantenerte fácilmente a la altura de los mejores.

✳ TIPOS DE SERPIENTE POR AÑO DE NACIMIENTO

Es probable que, dependiendo del año en que naciste, muestres uno de estos cinco tipos de personalidad. El último número de tu año de nacimiento determina tu elemento feng shui, aunque hay que prestar atención a las fechas límite para determinar correctamente el signo animal. Esto es importante, en especial, si naciste en enero o febrero (véase El calendario lunar, pp. 12-13).

1 O 2	↔	TU ELEMENTO ES EL METAL ✛
3 O 4	↔	TU ELEMENTO ES EL AGUA 🌊
5 O 6	↔	TU ELEMENTO ES LA MADERA 🌿
7 U 8	↔	TU ELEMENTO ES EL FUEGO 🔥
9 O 0	↔	TU ELEMENTO ES LA TIERRA 🔶

SERPIENTE DE TIERRA

1929 ▪ 1989

Puede que no seas tan intensa como los otros tipos de Serpiente, pero eres más firme y equilibrada, y abordas las tareas con disciplina y perseverancia. Aun así, posees la misma sinceridad y cualidades de liderazgo que tus hermanas Serpiente. Práctica y fiable, eres capaz de manejar diversas situaciones. También eres buena con las finanzas, y asegurarás estabilidad y progreso constantes. Rezumas calidez y eres sensible a los sentimientos de los demás, rasgos que atraen amigos y simpatizantes.

SERPIENTE DE METAL

1941 ▪ 2001

Aunque eres un alma tranquila, no te falta confianza en ti misma. Tu increíble concentración e inteligencia te convierten en uno de los signos más motivados. Altamente competitiva, no escatimarás esfuerzos para llegar a la cima, por lo que es mejor no cruzarse contigo. Seleccionas a tus amigos y, por lo general, recurres a un pequeño círculo de personas afines que también disfrutan de las artes, la música y las cosas buenas de la vida. Das mucha importancia a la creación de riqueza para adquirir lujos materiales.

SERPIENTE DE AGUA

1953 ▪ 2013

Versátil y capaz de manejar diferentes cosas simultáneamente, eres de intereses variados y puedes destacar en todos ellos. Esta flexibilidad, junto con tu ojo para proyectos que aportan ganancias, te hacen muy efectiva en asuntos relacionados con el dinero. Eres un activo para cualquier grupo con tu fuerza para obtener lo mejor de las personas para cumplir objetivos comerciales. Si bien es difícil despistarte, sabes ser práctica y siempre estás abierta a otras ideas.

SERPIENTE DE MADERA

1965 ▪ 2025

Enormemente accesible, muy abierta y fácil de comunicarse contigo, eres la más carismática de todos los tipos de Serpiente. Tu gran perseverancia refuerza las relaciones y te convierte en una amiga emocionalmente estable y leal; no es de extrañar que seas capaz de atraer amigos duraderos y buena fortuna. Aun así, no quedas fácilmente satisfecha, sino que buscas nuevos conocimientos y los usas para mejorar tu vida y la de las personas que amas. Valoras el reconocimiento y, por lo tanto, eres meticulosa con tu apariencia física e implacable en la búsqueda de los objetivos que te has fijado.

SERPIENTE DE FUEGO

1977 ▪ 2037

Persona segura de sí misma, con una intensidad que te permite sobresalir en lo que elijas, y rasgos magnéticos de líder que inspiran a otros. Eres intuitiva y posees una estabilidad emocional que te sirve en áreas como la política y las relaciones públicas. Tu encanto y dinamismo innatos podrían favorecer tu éxito en una carrera que te ponga en el centro de atención, tal vez como artista. Te fijas grandes metas y, con tus altos niveles de energía y determinación, lo das todo para alcanzarlas. Cabe esperar que coseches riqueza y reconocimiento como merecidas recompensas.

TIPOS DE SERPIENTE POR MES DE NACIMIENTO

Con tu mes de nacimiento, identifica tu tipo de personalidad dominante en una palabra o frase.

ENERO	FEBRERO	MARZO
Vanguardista	Indecisa	Escéptica
ABRIL	**MAYO**	**JUNIO**
Presuntuosa	Egoísta	Vital
JULIO	**AGOSTO**	**SEPTIEMBRE**
Flexible	Inquisitiva	Atrevida
OCTUBRE	**NOVIEMBRE**	**DICIEMBRE**
Frívola	Progresista	Sincera

CONSEJOS DEL FENG SHUI

Los signos de la fortuna cambian para cada año, mes y día, y la mejor manera de rastrearlos es mediante un almanaque fiable de feng shui. La información que sigue ofrece solo una orientación general para el signo de la Serpiente.

	Buena suerte	Mala suerte
Números	2, 8, 9, 28, 29	1, 6, 7, 16, 17
Días	6, 12, 13 del mes Día de éxito*: martes Día de vitalidad**: viernes	6, 8, 9 del mes Día de mala suerte***: miércoles
Colores	Rojo, rosa, morado, verde	Negro, azul, blanco
Direcciones	Este, oeste, suroeste	Noreste, noroeste
Flores	De cactus, orquídea Brassavola, orquídea Catasetum	

* DÍA DE ÉXITO — Este día está lleno de energía positiva, y se considera venturoso para actividades personales o eventos sociales.

** DÍA DE VITALIDAD — Es el día en que estás más activo y dinámico.

*** DÍA DE MALA SUERTE — Este día se considera desfavorable, y deberías evitarlo para realizar actividades personales o celebrar eventos sociales.

DATO ZODIACAL

Las personas nacidas bajo el signo de la Serpiente son inteligentes, talentosas, decididas y buenas organizadoras. Son grandes políticos. Entre los líderes políticos nacidos bajo este signo se encuentran John F. Kennedy y Abraham Lincoln, Tony Blair, Emmanuel Macron, Benazir Bhutto e Indira Gandhi.

FORTALEZAS DE TU CARÁCTER

Persona gran comunicadora que, sin embargo, opta por decir poco, y se puede tomar por introvertida. Pero, en verdad, eres extremadamente intuitiva y una gran pensadora. También eres de carácter fuerte y no tienes problemas para mantenerte firme. Puedes ser bastante materialista y no conformarte fácilmente con algo que no sea lo mejor. Por esta razón, te gusta mantenerte a la vanguardia.

Con la intención de alcanzar los objetivos que te fijas, trabajas duro para concebir un sistema para lograrlos. Una vez que estableces tus objetivos, los persigues sin descanso hasta el final. Conoces tus fortalezas y no aceptas el fracaso fácilmente. Por lo general, no te cuesta recuperarte de tus errores. La Serpiente es posiblemente el signo más misterioso del Zodíaco chino. Algunos dicen que su capacidad para mudar la piel también refleja la fuerte capacidad regenerativa de las personas Serpiente para recuperarse de una etapa difícil de la vida.

DEBILIDADES PERCIBIDAS

Si naciste en el año de la Serpiente, quizás tiendas a ser una persona reservada, poco generosa y, a veces, desconfiada. Puede que eso haga que no cuentes con muchos amigos reales, pero te sientes bastante cómoda con pocas personas a tu alrededor. Irónicamente, puedes ser entrometida con los asuntos personales de los demás y te gusta difundir rumores. Un tanto envidiosa de aquellos que parecen más capaces que tú, tiendes a mantener a esas personas fuera de tu círculo en lugar de aprender de ellas.

No siempre eres un buen compañero de equipo y, en ocasiones, pareces distante. Tampoco siempre se intuye que sigas motivaciones claras para tus acciones. Aunque eres ambiciosa, tal vez careces de la persistencia para llevar a cabo tus objetivos e incluso puedes ser perezosa. O te cansas rápidamente debido a tus altos niveles de energía y pasión por terminar las cosas. En momentos así, recurres a la reflexión para recuperar energía. A menos que hagas algo para contrarrestarlo, serás vulnerable a los efectos no deseados del estrés. Trata de controlar el ritmo.

FORTALEZAS DOMINANTES	DEBILIDADES DOMINANTES
Inteligente	Inseguro
Metódico	Celoso
Humorístico	Desconfiado
Empático	Taimado
Determinado	Imprevisible
Entusiasta	Indiferente
Motivado	Reservado

PERSPECTIVAS PROFESIONALES

Si naciste bajo el signo de la Serpiente, eres un ser tenaz y sensato. Te adaptas con mucha facilidad a cualquier entorno y respondes rápido a diferentes situaciones. Eres plenamente consciente de tus capacidades, que, junto con tu poderosa intuición, te permiten aprovechar las buenas oportunidades cuando se presentan.

POSIBLES OCUPACIONES

Las personas Serpiente mantienen estándares muy altos y a menudo son competentes en varios campos. Es posible que apliquen sus habilidades en la investigación, la escritura y cualquier entorno de trabajo donde puedan aportar sus ideas creativas. También te irá bien en el campo del trabajo social, servicios públicos, recursos humanos, enseñanza y política. Tu gusto por aprender es tan insaciable que la ciencia y las matemáticas pueden ser tu vocación. Tu gracia y sentido del ritmo te ayudarán a destacar en el baile y la interpretación.

LENTO PERO SEGURO

Relativamente lento en la toma de decisiones, eres un ser que tiende a tomarse su tiempo y florecer tarde en tu carrera. Tampoco es raro que saltes de un trabajo a otro hasta que encuentres la seguridad que buscas, pero no temes los desafíos ni te rindes fácilmente. Dado tu fuerte sentido de la responsabilidad, manejas las dificultades con eficiencia. Tu buena memoria hace que seas un hacha recordando nombres y caras. En el trabajo, no alardeas de tus logros y prefieres trabajar lento pero seguro, siguiendo una planificación establecida. Debido a que eres inteligente, tus posibilidades de ascenso son altas, y tus cualidades de liderazgo te permiten avanzar mucho en la escala profesional.

PERSPECTIVAS
DE VIDA DOMÉSTICA

Aunque ganar dinero te resulta un esfuerzo, disfrutas inundando a tus seres queridos con regalos lujosos y llevándolos a cenar o de viaje. No hay límites para el amor que muestras a los que te importan. En consecuencia, te frustras cuando las personas traicionan ese afecto o si no obtienes el respeto y la obediencia que esperas.

EN CASA

Como persona perezosa, prefieres una vida tranquila con una rutina bien planificada. Sin quererlo, puedes acabar controlado los asuntos de tus hijos. Tú ves como tu deber supremo desempeñar el papel de ángel guardián, pensando que tu influencia beneficiará en última instancia a tu descendencia. Te entregas a conversaciones profundas e intelectuales, pero prefieres observar a participar en actividades físicas; para encontrar compañeros de juego, tus hijos deberán buscar en otra parte.

ESTILO DE HOGAR

Eres un ser complicado, representado por el elemento fuego y la energía yin. Esto significa que la energía de tu hogar debe contener elementos yin y yang. Lo ideal sería la presencia de mucha tierra, agua y quizás elementos metálicos. La tierra puede tomar la forma de adornos de arcilla o figurillas de cerámica. El elemento fuego se puede expresar con el color rojo y objetos de forma triangular (porque un triángulo apunta hacia arriba, como una llama). La sala de estar puede mostrar gran variedad de formas, porque una serpiente también puede adoptar diferentes formas: enrollarse en un círculo, estirarse mucho y escurrirse a través de espacios triangulares y cuadrados. Trata de incluir una mezcla de muebles prácticos y extravagantes. Una cosa importante es un lugar para tus colecciones y una habitación donde puedas disfrutar de un poco de soledad, un lugar sobrio y ordenado.

AMOR Y AMISTAD

Cuando se trata de relaciones personales, a menudo eres una persona difícil de comprender. Tu idea del amor es diferente a la de la mayoría y se necesita paciencia para descubrir lo que realmente quieres de una relación.

MEJORES Y PEORES RELACIONES

Desarrollarás las relaciones más significativas con personas nacidas en el año del Mono. Al igual que tú, son inteligentes y ambiciosas y podéis aprender mucho unas de otras. Los del signo Serpiente, Gallo y Dragón serán buenos amigos y aliados. Piénsalo dos veces antes de elegir Tigres que, como tú, son demasiado reservados. Tampoco compartes visión con el Conejo, la Serpiente y el Cerdo. Todos ellos presentan características tan diferentes que es difícil conseguir una relación duradera.

LA SERPIENTE ENAMORADA

Al encontrar el amor verdadero, puedes parecer una persona poco entusiasta o indiferente, y esto aleja a la gente. Parte del problema radica en el hecho de que no muestras abiertamente tus sentimientos. Sin embargo, una vez que te sientes cómoda con un nuevo conocido, eres habladora y apasionada. Quieres asegurarte de que existan intereses comunes y tiendes a fijar altos estándares de pareja. Una vez enamorada, revelas tu alma ardiente. El corazón anula tu mente y este sorprendente contraste se gana el favor de la otra persona.

RELACIONES DE LARGO RECORRIDO

Tal vez consideres las relaciones a largo plazo y el matrimonio como algo monótono, el paso final después del juego emocionante de búsqueda y cortejo, donde destacas. Esto puede ser frustrante para la pareja. Una vez que te comprometes, esperas la máxima lealtad del otro, algo que a ti te cuesta ofrecer.

	BUEY	SERPIENTE	GALLO
AMIGOS Y ALIADOS			

LA PAREJA PERFECTA — MONO

EL
CABALLO

E nérgico y perceptivo, el Caballo es el séptimo animal en el orden del Zodíaco chino. Debido a su naturaleza animada y activa, en la cultura china simboliza la libertad, el poder y la belleza.

AÑOS DEL CABALLO

1930, 1942, 1954, 1966, 1978, 1990, 2002, 2014, 2026, 2038

FECHAS DE LOS AÑOS DEL CABALLO

Inicio	Fin	Tallo celestial	Rama terrenal
30 enero 1930	16 febrero 1931	Metal	Fuego
15 febrero 1942	4 febrero 1943	Agua	Fuego
3 febrero 1954	23 enero 1955	Madera	Fuego
21 enero 1966	8 febrero 1967	Fuego	Fuego
7 febrero 1978	27 enero 1979	Tierra	Fuego
27 enero 1990	14 febrero 1991	Metal	Fuego
12 febrero 2002	31 enero 2003	Agua	Fuego
31 enero 2014	18 febrero 2015	Madera	Fuego
17 febrero 2026	5 febrero 2027	Fuego	Fuego
4 febrero 2038	23 enero 2039	Tierra	Fuego

CARACTERÍSTICAS GENERALES

Nacido para correr, eres un ser activo, físico, trabajador y productivo. Posees talento y trabajas bien con las manos. Tu vena independiente raya en la rebeldía. Astuto y listo, rara vez escuchas consejos. Odias que te presionen o te digan qué hacer. Por tu brío y energía, destacas en eventos sociales y te encanta ser el centro de atención. Eres alegre, sabes administrar el dinero y eres perspicaz, aunque a veces hablas demasiado.

Bajo tu carácter seductor, no se te da bien mantener tus sentimientos ocultos y mostrarás rápidamente tu ira cuando te provoquen. No toleras el aburrimiento, y para sentirte realizado, especialmente en el trabajo, debe haber novedad y vitalidad en las tareas que llevas a cabo. Tu energía ilimitada busca un cierto tipo de emoción para mantenerte en marcha. Sin embargo, esto es algo que hay que controlar. Debido a tus intereses fluctuantes, puedes perder la concentración y dejar algunas iniciativas sin completar.

✳ TIPOS DE CABALLO POR AÑO DE NACIMIENTO

Es probable que, dependiendo del año en que naciste, muestres uno de estos cinco tipos de personalidad. El último número de tu año de nacimiento determina tu elemento feng shui, aunque hay que prestar atención a las fechas límite para determinar correctamente el signo animal. Esto es importante, en especial, si naciste en enero o febrero (véase El calendario lunar, pp. 12-13).

0 O 1	↔	TU ELEMENTO ES EL METAL	✛
2 O 3	↔	TU ELEMENTO ES EL AGUA	🌊
4 O 5	↔	TU ELEMENTO ES LA MADERA	🌿
6 O 7	↔	TU ELEMENTO ES EL FUEGO	🔥
8 O 9	↔	TU ELEMENTO ES LA TIERRA	🌐

CABALLO DE METAL

1930 ▪ 1990

Motivado y centrado en extremo, eres probablemente el más independiente de todos los tipos de Caballo. Tu nivel de energía es tan alto que a otros les resulta difícil seguir tu ritmo. Eres muy capaz y rara vez necesitas ayuda para completar tareas. No te gusta que te vigilen de cerca y te vuelves testarudo o te aburres si no te dejan hacer las cosas a tu manera. A pesar de esto, cuentas con muchos amigos gracias a tu carácter cariñoso y amigable. Cabe subrayar tu dificultad para los compromisos que amenacen con obstaculizar tu independencia.

CABALLO DE AGUA

1942 ▪ 2002

Persona alegre, estás familiarizada con diversidad de temas y, por lo tanto, eres del agrado de muchos. Posees variados talentos y destacas en muchas áreas. Tu amor por el aire libre te lleva a lugares interesantes. Al igual que tu elemento agua, te sientes cómoda en casi cualquier situación y con personas de todos los ámbitos de la vida. Tu alto nivel de adaptabilidad te permite realizar los cambios necesarios incluso en tiempos difíciles, lo cual te hace ideal para profesiones que requieren buenas relaciones interpersonales.

CABALLO DE MADERA

1954 ▪ 2014

Eres un ser con la cabeza sobre los hombros y lleno de ideas prácticas e innovadoras. No eres reacio a desechar viejas creencias a favor de nuevas formas mientras estas funcionen, y aunque valoras tu independencia, también estás abierto a encontrarte con tus compañeros a mitad de camino. Siempre tienes la cabeza sobre los hombros y eres capaz de hacer malabarismos con varias actividades que requieran eficiencia y habilidades organizativas. A diferencia de otros tipos de Caballo, eres más disciplinado y se puede confiar en que continuarás los proyectos hasta su finalización. Tus habilidades sociales te aportan un gran círculo de amigos.

CABALLO DE FUEGO

1966 ▪ 2026

Probablemente eres el más salvaje de todos los tipos de Caballo. Muy inteligente y valiente, te arriesgas, eres competitivo y no retrocedes fácilmente. Pones el listón muy alto para ti mismo, lo cual es genial... hasta que te aburres o te ofenden personas que no comparten tus puntos de vista. Esto puede volverse problemático, porque tu naturaleza explosiva sale a la luz en cuanto pierdes el enfoque o te distraes.

CABALLO DE TIERRA

1978 ▪ 2038

Eres el más agradable de todos los tipos de Caballo, ya que resultas precavido en tus acciones y palabras. Sopesas las cosas cuidadosamente antes de tomar una decisión, lo que te hace indeciso a veces. Mantienes fuertemente tus principios, pero estás más abierto a las ideas de los demás. Eres un pensador profundo, con un lado tierno que te revela generoso y sensible. Siempre aportas energía positiva a las situaciones. Con un buen ojo para las inversiones, se puede confiar en que ahorrarás fracasos y mejorarás el rendimiento de algunas iniciativas monótonas.

TIPOS DE CABALLO
POR MES DE NACIMIENTO

Con tu mes de nacimiento, identifica tu tipo de
personalidad dominante en una palabra o frase.

ENERO	FEBRERO	MARZO
Pertinaz	Benevolente	Ambiciosa
ABRIL	**MAYO**	**JUNIO**
Gregaria	Buena con los números	Atractiva
JULIO	**AGOSTO**	**SEPTIEMBRE**
Bondadosa	Discreta	Leal
OCTUBRE	**NOVIEMBRE**	**DICIEMBRE**
Circunspecta	Complaciente	Impulsiva

CONSEJOS DEL FENG SHUI

Los signos de la fortuna cambian para cada año, mes y día, y la mejor manera de rastrearlos es mediante un almanaque fiable de feng shui. La información que sigue ofrece solo una orientación general para el signo del Caballo.

	Buena suerte	Mala suerte
Números	2, 3, 7, 23, 27	1, 5, 6, 15, 16
Días	6, 12, 17 del mes Día de éxito*: martes Día de vitalidad**: viernes	5, 20, 27 del mes Día de mala suerte***: miércoles
Colores	Amarillo, rojo, verde	Azul, gris, negro
Direcciones	Sur, este, oeste	Norte, noroeste
Flores	Hermosa de día, hosta Francee ornamental	

* DÍA DE ÉXITO	Este día está lleno de energía positiva, y se considera venturoso para actividades personales o eventos sociales.
** DÍA DE VITALIDAD	Es el día en que estás más activo y dinámico.
*** DÍA DE MALA SUERTE	Este día se considera desfavorable, y deberías evitarlo para realizar actividades personales o celebrar eventos sociales.

DATO ZODIACAL

En la legendaria carrera para decidir el orden del Zodíaco chino, al Caballo sorprendentemente le fue mal, a pesar de su capacidad para galopar. Pero durante la carrera, la Serpiente se enroscó secretamente alrededor de su casco. En la línea de meta, la Serpiente se desenroscó rápido y se deslizó para reclamar el sexto lugar. El Caballo se asustó y retrocedió un paso, de modo que quedó el séptimo.

FORTALEZAS DE TU CARÁCTER

Eres una criatura social que prefiere interactuar con otros Caballos. Cuidadosa y deliberada, te esfuerzas para prestar atención a los demás. Eres una persona con modales suaves y puedes ser muy generosa con tus amigos.

Bien conectada, muchos te aprecian por tu mente brillante, tu confiabilidad y tu personalidad vivaz. Eres valiente e incluso se te considera un espíritu libre, pero estás firmemente arraigada. Excepcionalmente coordinada, no rehuyes los problemas. Los Caballos nacidos con estas cualidades logran grandes cosas en este mundo.

Eres una persona que no soporta el aburrimiento y para sentirse realizada tu trabajo debe ofrecer una emoción constante. Incluso cansada encuentras la manera de entusiasmarte y participar en una tarea. Una gran fortaleza tuya es que comprendes la importancia del tiempo y del dinero. Evitas gastos innecesarios y rara vez excedes el presupuesto. Hay muy pocos entre vuestro signo que caigan en dificultades financieras, aunque la riqueza no es para vosotros un objetivo principal.

FORTALEZAS DOMINANTES

Autosuficiente	De buen trato
Cariñoso	Generoso
Mago financiero	Fiable
Honesto	Enérgico

DEBILIDADES PERCIBIDAS

Es posible que los demás se pongan en guardia cuando estén en compañía de un ser como tú. Eso es porque tus intereses tienden a fluctuar y a veces te alejas de los asuntos importantes. Quizás inicies una tarea o actividad positivamente, pero le das la espalda y te das por vencido si las cosas no salen como quieres. Fácilmente pierdes la concentración, y dejas tareas sin completar, cosa que los demás perciben como un bajo sentido del deber por tu parte.

No cambiarás por nada tu libertad. No eres de los que se sienten obligados con nadie, te gusta trabajar a tu propio ritmo y tiendes a escuchar solo tu voz interna, lo que da la impresión de que no eres muy flexible.

Puedes ser hipersensible. Estás muy pendiente de cómo te tratan los demás y te ofendes con facilidad. Las palabras descuidadas te enojan. Debido a que no manejas muy bien tus sentimientos, enseguida muestras tu indignación cuando te provocan. A pesar de ser difícil y egoísta a veces, en realidad intrigas a los demás con tu generosidad y humor impecable. Aprende a superar tu inquietud, y estos rasgos te traerán las recompensas por las que te esfuerzas.

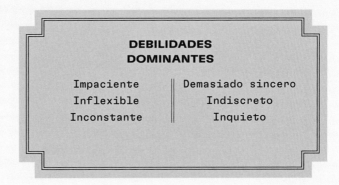

DEBILIDADES DOMINANTES

Impaciente	Demasiado sincero
Inflexible	Indiscreto
Inconstante	Inquieto

PERSPECTIVAS PROFESIONALES

Profesionalmente, siempre estás en tu mejor momento si juegas con tus fortalezas al realizar tareas complicadas que requieren cambio e innovación constantes. Prefieres no ceñirte a un horario fijo y te gusta dar las órdenes en lugar de recibirlas.

PUESTOS ADECUADOS

Si eres eficiente, te irá bien en el campo del periodismo, que te mantiene alerta, o en el mercado bursátil, que requiere tomar decisiones basadas en datos que cambian rápido. Tu adaptabilidad, elocuencia e ingenio destacan en el sector de la comunicación, las ventas o la política. Tu energía y resistencia te sirven como atleta excepcional. Eres un ser inquieto y te encanta viajar, lo cual aumenta tu potencial en ocupaciones relacionadas con el turismo.

EL EQUILIBRIO CORRECTO

Con las fortalezas de tu carácter, obtendrás éxito en cualquier carrera que elijas. Sin embargo, debes reconocer tus debilidades, de lo contrario encontrarás dificultades en el camino. Necesitas abrirte más a los consejos y críticas, y aprender a confiar en los demás. A pesar de centrarte en tu carrera y ser innovador, te falta paciencia, puedes ser impulsivo y eres propenso a darte por vencido. Trata de ser más perseverante y paciente, en lugar de abandonar un proyecto a mitad de camino.

Puedes experimentar contratiempos a lo largo de tu carrera. No obstante, venga lo que venga, cosecharás grandes logros que te granjearán el respeto y la admiración de los demás. Debido a tu carácter tan social, cuentas con muchos amigos que pueden ayudarte a superar las dificultades del camino. Aprovecha tus experiencias y podrás mantener tu estatus en el trabajo y disfrutar de alguna promoción.

PERSPECTIVAS DE VIDA DOMÉSTICA

Te haces querer y es probable que mantengas varias relaciones antes de que finalmente sientes la cabeza. Una vez lo hagas, serás fiel a tu pareja. Te comprometerás totalmente con la vida familiar, aprovecharás cada oportunidad para satisfacer las necesidades y la comodidad de los tuyos, y compartirás tu sed inagotable de diversión y aventura.

HOGAR FELIZ

Tu signo te hace ser un gran anfitrión, y organizas muchas reuniones en casa. Amas el vínculo que te une a todos los miembros de la familia, mimas a tus hijos y atesoras incluso sus logros más pequeños. Compartes tus habilidades manuales con tu descendencia, que, igual que tú, desarrolla capacidades útiles en la vida. No es inusual que tus hijos cocinen bien y sean unos manitas.

AMBIENTE RECREATIVO

La casa del Caballo refleja el carácter vibrante de su propietario. Es colorida, inspirada en el sol y divertida. También está llena de instalaciones para el esparcimiento. Haz que los elementos yang de la madera, el fuego y la tierra dominen, utilizando los colores rojo y naranja, luces brillantes y dispositivos tecnológicos para representarlos.

Cada área del hogar debe ser distinta a fin de reflejar tus intereses. Tu estilo de vida activo tal vez requiera una sala para que los miembros de la familia hagan ejercicio, además de una habitación lo bastante espaciosa como para incluir equipos de gimnasia o karaoke, y para el baile.

AMOR Y AMISTAD

Si naciste bajo el signo del Caballo, probablemente ya sepas que eres un ser afortunado en el amor. Eres encantador, alegre y vistes bien, lo que contribuye a que seas tan popular. Sincero y poco propenso a enfrentamientos, si no ves futuro en una relación, simplemente te alejas y buscas otra más prometedora.

COMPATIBILIDAD

Quien busque una relación contigo también debe amar el desafío y la aventura. Las parejas ideales para el Caballo son el Tigre, el Perro y la Cabra. Esta última es tu amiga secreta y, por ende, tu mejor pareja. Los Tigres son excelentes porque comparten tus intereses, incluidas las actividades al aire libre, las salidas a la naturaleza y las fiestas. Los Caballos también son compatibles, al igual que las Serpientes, los Conejos, los Dragones y los Cerdos. Sin embargo, no congenias con el Buey, tan cabal, ni con la demasiado cautelosa Rata. Una asociación con el astuto Mono también puede fallar.

LIBERTAD ROMÁNTICA

Si bien eres un espíritu libre, crees firmemente en el amor verdadero y te esfuerzas para que el tuyo sea lo más dulce posible. Sin embargo, puedes ser controlador y sentirte un poco incómodo si tu pareja se niega a jugar en equipo. Trata de no imponerte demasiado y deja que tu pareja actúe libremente cuando quiera. Valoras mucho tu libertad personal y debes tenerlo en cuenta antes de comprometerte en una relación con otra persona nacida bajo el signo del Caballo. Dicho esto, una relación con otro Caballo te aportará afecto y experiencias, incluidos viajes a lugares emocionantes.

AMIGOS Y ALIADOS	TIGRE	CABALLO	PERRO

LA PAREJA PERFECTA – CABRA

LA
CABRA

Gentil y creativa, la Cabra, o la Oveja, es el octavo animal del Zodíaco chino. El ocho es un número de la suerte en la cultura china porque simboliza la prosperidad. Esto, junto con el carácter amable de la Cabra, explica por qué este es uno de los animales más queridos en todas partes.

AÑOS DE LA CABRA

1931, 1943, 1955, 1967, 1979, 1991, 2003, 2015, 2027, 2039

FECHAS DE LOS AÑOS DE LA CABRA

Inicio	Fin	Tallo celestial	Rama terrenal
17 febrero 1931	5 febrero 1932	Metal	Tierra
5 febrero 1943	24 enero 1944	Agua	Tierra
24 enero 1955	11 febrero 1956	Madera	Tierra
9 febrero 1967	30 enero 1968	Fuego	Tierra
28 enero 1979	15 febrero 1980	Tierra	Tierra
15 febrero 1991	3 febrero 1992	Metal	Tierra
1 febrero 2003	21 enero 2004	Agua	Tierra
19 febrero 2015	7 febrero 2016	Madera	Tierra
6 febrero 2027	25 enero 2028	Fuego	Tierra
24 enero 2039	11 febrero 2040	Tierra	Tierra

CARACTERÍSTICAS GENERALES

Elegante y artista consumado, eres el más creativo de todos los signos. Posees un gran sentido de la moda, y es probable que se te dé bien diseñar o pintar, o que te dediques a una profesión en la que aproveches al máximo tu don para crear cosas hermosas. Tiendes a mantener una actitud discreta, pero en el estado de ánimo adecuado, eres un ser bastante animado, humorístico y encantador. Cuando los pones en práctica, estos rasgos te convierten en un gran anfitrión o animador.

Nómada por naturaleza, te sientes feliz de emprender un viaje para conocer gente nueva y ver mundo. Sin embargo, presentas cierta inseguridad y necesitas sentirte amado y protegido. Aunque no eres materialista de forma innata, las oportunidades para ganar dinero parecen seguirte. Vigila a la hora de manejar estas oportunidades, dada tu inclinación derrochadora. Es probable que te enfrentes a un futuro incierto a causa de este hábito. A veces, también eres perezoso: si se da el caso, elegirías casarte con una persona rica para no tener que preocuparte el resto de tu vida.

TIPOS DE CABRA POR AÑO DE NACIMIENTO

Es probable que, dependiendo del año en que naciste, muestres uno de estos cinco tipos de personalidad. El último número de tu año de nacimiento determina tu elemento feng shui, aunque hay que prestar atención a las fechas límite para determinar correctamente el signo animal. Esto es importante, en especial, si naciste en enero o febrero (véase El calendario lunar, pp. 12-13).

1 O 2	↔	TU ELEMENTO ES EL METAL	✛
3 O 4	↔	TU ELEMENTO ES EL AGUA	🕊
5 O 6	↔	TU ELEMENTO ES LA MADERA	🌿
7 U 8	↔	TU ELEMENTO ES EL FUEGO	✋
9 O 0	↔	TU ELEMENTO ES LA TIERRA	●

CABRA DE METAL

1931 ▪ 1991

Infinitamente creativo, eres un ser que anda buscando formas de agregar valor estético a su trabajo. Te encantan los lugares hermosos y encuentras consuelo en compañía de amigos y seres queridos. Te gusta apegarte a las viejas costumbres y te cuesta aceptar los cambios. Te resulta más fácil incluir nuevas personas en tu círculo si ves que pueden serte útiles en el futuro. Lo que otros ven como oportunismo, para ti es solo una buena manera de alcanzar tus metas.

CABRA DE AGUA

1943 ▪ 2003

Persona cariñosa y leal por naturaleza, te entiendes bien con los demás debido a tus variados intereses. Gozas de oído para la música y amas las artes. Trabajas bien con colegas y superiores, y estás dedicada a tu carrera. No eres la persona más aventurera y te resistes al cambio repentino. A veces te resulta difícil mantener tus creencias y los demás te influyen fácilmente. Si esto sucede, es posible que te encuentres fuera de tu zona de confort.

CABRA DE MADERA

1955 ▪ 2015

Eres el ser compasivo en quien se puede confiar para ayudar a las personas necesitadas. Tal es tu altruismo, que siempre estás buscando a aquellos cuyas vidas puedes mejorar. Diplomático nato, estás dotado de rasgos sociables que te hacen muy popular. Eres muy considerado y te expresas con el mayor cuidado para no ofender a nadie. Quizás no te des cuenta, pero puedes mostrar demasiado entusiasmo en tu deseo de complacer a los demás. A pesar de estar gobernado más por el corazón que por la cabeza, eres propenso a ocultar tus inseguridades y tiendes a necesitar la aprobación de los demás para sentirte completo.

CABRA DE FUEGO

1967 ▪ 2027

Eres una persona extravagante que no se lo piensa dos veces antes de gastar más de lo necesario para mantener un estilo de vida cómodo. Tu personalidad extrovertida te ayuda a prosperar en situaciones sociales y brillas tanto en reuniones formales como informales. Segura de ti misma, puedes concentrarte tanto en ti que ignoras los sentimientos de los demás. Tiendes a abordar una tarea con mucho drama y con una atención al detalle que raya en lo excesivo, y esto puede causar tensión entre tú y tus compañeros.

CABRA DE TIERRA

1979 ▪ 2039

Optimista por naturaleza, eres un ser meticuloso y enormemente independiente, trabajas bien bajo presión y hallas pocas dificultades en tu carrera. Tu cautela y prudencia se extienden al manejo de las finanzas: puedes satisfacer tus placeres y los de tu familia, pero siempre controlando los gastos. Eres ferozmente leal a tus seres queridos. Profesas opiniones bastante férreas y puedes ser brutalmente franco; por desgracia, no estás abierto a la crítica y tiendes a ponerte a la defensiva cuando recibes comentarios negativos.

TIPOS DE CABRA POR MES DE NACIMIENTO

Con tu mes de nacimiento, identifica tu tipo de personalidad dominante en una palabra o frase.

ENERO	FEBRERO	MARZO
Relajada	Optimista	Reticente
ABRIL	**MAYO**	**JUNIO**
Considerada	Sensible	Sofisticada
JULIO	**AGOSTO**	**SEPTIEMBRE**
Virtuosa	Refinada	Seria
OCTUBRE	**NOVIEMBRE**	**DICIEMBRE**
Imperturbable	Elocuente	Bondadosa

CONSEJOS DEL FENG SHUI

Los signos de la fortuna cambian para cada año, mes y día, y la mejor manera de rastrearlos es mediante un almanaque fiable de feng shui. La información que sigue ofrece solo una orientación general para el signo de la Cabra.

	Buena suerte	Mala suerte
Números	2, 7, 27	4, 9, 49, 94
Días	1, 2, 8 del mes Día de éxito*: viernes Día de vitalidad**: miércoles	5, 20, 25 del mes Día de mala suerte***: jueves
Colores	Crema, beis, rojo, morado	Marrón, rosa, naranja
Direcciones	Norte	Suroeste
Flores	De albaricoque, rosa, claveles combinados, prímula	

* DÍA DE ÉXITO — Este día está lleno de energía positiva, y se considera venturoso para actividades personales o eventos sociales.

** DÍA DE VITALIDAD — Es el día en que estás más activo y dinámico.

*** DÍA DE MALA SUERTE — Este día se considera desfavorable, y deberías evitarlo para realizar actividades personales o celebrar eventos sociales.

DATO ZODIACAL

La Cabra es un signo creativo y dotado de un gran talento artístico. Un vistazo a algunos famosos nacidos el año de la Cabra lo prueban: Frida Kahlo, Mark Twain, Julia Roberts, Robert De Niro, Ed Sheeran, Nat King Cole, Kurt Cobain y George Harrison se encuentran entre las muchas personas talentosas bajo el signo de la Cabra.

FORTALEZAS
DE TU CARÁCTER

Criatura por lo general discreta, si naciste en el año de la Cabra, eres diligente y práctica. Cuando se trata de problemas, no eres impulsiva y prefieres pensar bien las cosas. No te importa lo que digan los demás y simplemente haces lo que consideras correcto. Puedes ser persistente y asertiva, pero nunca arrogante. Prefieres vivir tranquila, evitando conflictos a toda costa. Debido a que se puede confiar en ti para completar una tarea que otros no hicieron, se te valora como amiga y compañera de trabajo.

De naturaleza amable, también eres una persona educada, creativa y artística. Inherentemente sincera, se puede confiar en que tu juicio sobre los demás es justo e imparcial. Compasiva y sensible a los sentimientos de otras personas, eres rápida para perdonar o ayudar a los necesitados. Conoces el valor de ahorrar para el futuro y no malgastas dinero en cosas ostentosas o innecesarias.

DEBILIDADES DOMINANTES	FORTALEZAS DOMINANTES
Desorganizado	Inventivo
Inseguro	Ingenioso
Inquieto	Amable
Indeciso	Compasivo
Tímido	Considerado
Vanidoso	Atractivo
Pesimista	Trabajador
Temperamental	Persistente
Voluble	Ahorrativo

DEBILIDADES PERCIBIDAS

Algo pesimista, también crees firmemente en el destino. Eres un ser tímido y no siempre te resulta fácil expresar tus sentimientos. Intentas evitar ser el centro de atención y prefieres observar ciertas actividades que participar activamente en ellas.

Aparentas tranquilidad, pero en el fondo puedes sentir inseguridad y necesitar profundamente que se te muestre amor y comprensión. Propenso a la autocompasión, a veces eres difícil de tratar. Lograrás más satisfacción en tus relaciones personales si superas esta debilidad.

Debido a que a menudo te muestras indeciso, otras personas te influyen fácilmente. Esta indecisión también se percibe como carencia de ímpetu y ambición, o como pura pereza. Tu falta de confianza te hace vulnerable, y pueden aprovecharse de ti. Tu comportamiento amable y gentil conlleva su lado negativo y te incapacita para manejar el estrés adecuadamente, en especial porque acostumbras a guardarte las cosas para ti. Por tu deliberada tendencia a no criticar o disgustar a amigos y familiares, a veces no te posicionas sobre temas que te importan.

PERSPECTIVAS PROFESIONALES

Te gusta tomarte las cosas con calma y eres propenso a alejarte de cualquier forma de negatividad. En general, eres agradable, pero no te gustan las normas impuestas ni las restricciones. En lo más hondo, preferirías no trabajar solo, y de hecho obtienes mayores logros formando parte de un equipo.

POSIBLES CARRERAS

De forma innata, eres un ser creativo y dotado de oído para la música. Una carrera en el teatro o las artes te conviene. Fuera de estos campos, puedes trabajar con personas que compartan tus intereses. Aunque te consideran silencioso, cuando estás de buen humor eres bastante vivo y encantador, y deleitas al público con tu ingenio. Si se desarrollan adecuadamente, estas destrezas te convierten en un gran anfitrión de fiestas. En esencia, eres profundamente espiritual y profesas amor por la naturaleza y las cosas naturales. Amante de las mascotas, gozas al aire libre o en el hábitat natural de los animales. Si los deportes te interesan, puedes convertirte en un atleta notable.

EN EL TRABAJO

Dada tu enorme creatividad, no eres la persona adecuada para puestos de oficina fijos y programados. Necesitas reconocimiento por tu talento y estímulo para desarrollar tus habilidades. Destacas en trabajos que implican una interacción cercana con los demás, y debes evitar los que requieren que trabajes en solitario. Si dispones de libertad creativa en tu trabajo, resultarás una verdadera inspiración para los miembros del equipo. Eres un ser innovador y un pensador lógico, con el potencial de convertirte en un gran inventor o ingeniero. Con tu prudencia en el manejo del dinero, iniciarás empresas económicas que beneficiarán a muchos.

PERSPECTIVAS DE VIDA DOMÉSTICA

Eres un niño obediente, un compañero devoto y un padre considerado. Cálido y cariñoso, cuentas con muchos amigos que disfrutan de tu compañía. Estás seguro de la lealtad de los miembros de tu familia, que te apoyan, a pesar de tu testarudez ocasional. Meticuloso con las finanzas y gastos, encuentras múltiples formas de ahorrar algo para el futuro. Solo necesitas armonizar las cosas a través de tu creatividad, y ten por seguro que disfrutarás de una vida plena.

HOGAR FELIZ

Al criar a tus hijos, tu personalidad tierna e indecisa pasa a primer plano. Por un lado, encantas a tu descendencia para que obedezca sin recurrir a la presión, aunque esto puede implicar tratar de manipular sus sentimientos o persuadirlos con regalos y otras recompensas. Por otro lado, no siempre consigues dejar clara tu posición sobre ciertos asuntos. Esto confunde a tus hijos, que han de adivinar lo que realmente quieres de ellos.

ESTILO DE HOGAR

La elegancia es lo tuyo, y te gusta rodearte de objetos hermosos. Adoras la variedad, por lo que es probable que cada habitación de la casa sea diferente, por el color o las formas y tamaños de los muebles. Tu amor por el aire libre se nota. Tu casa posee numerosas y amplias ventanas para permitir la entrada de luz natural. No eres reacio a ensuciarte las manos con la jardinería. De vuelta en el interior, evitas los tonos neutros en la medida de lo posible, y primas los colores divertidos y vibrantes, o algo que te recuerde los colores del jardín. Repartes plantas vivas por doquier, por si acaso.

AMOR Y AMISTAD

Con una mente enfocada en relaciones cálidas y tiernas, nada disfrutas más que estar con las personas que amas. Esta gran capacidad para amar te recompensa con varias relaciones románticas en tu juventud. Cuando eliges establecerte con la persona adecuada, eres una pareja extremadamente leal.

羊

COMPATIBILIDAD

Disfrutas en compañía de los nacidos bajo el signo del Caballo (tu amigo secreto), el Cerdo, el Conejo y el Tigre. Ambos de buenos modales, tú y el Conejo lográis una existencia muy pacífica juntos. Con el Cerdo, compartes una gran creatividad y casi siempre estáis de acuerdo el uno con el otro. La unión con un Tigre rebosa respeto y admiración, y nunca deja lugar para el aburrimiento. También eres un gran compañero para otra persona del signo Cabra. Encontrarás seguridad en los nacidos bajo los signos del Caballo, el Conejo y el Cerdo porque contáis con rasgos complementarios; donde uno es débil, el otro puede proporcionar fuerza. El Perro, el Buey y la Rata son tus peores parejas. No alcanzáis a comprender vuestros intereses mutuos, que, simplemente, no coinciden.

A LARGO PLAZO

De buen corazón y orientado a la familia, eres un ser que tiende a enamorarse más fácilmente que otros y de más de una persona a la vez, pero muestra verdadera devoción cuando está en una relación y hace todo lo posible para complacer a su pareja. Sin embargo, cuidado con tus debilidades. Tu falta de autoconfianza te lleva a exigir atención constante de la pareja, y a menudo empeoras la situación, porque no acostumbras a mostrar sentimientos. Los que mantienen una relación romántica contigo deben ser muy comprensivos y solidarios para que la unión sea armoniosa.

AMIGOS Y ALIADOS	CONEJO	CABRA	CERDO

LA PAREJA PERFECTA — CABALLO

EL
MONO

El Mono es el noveno animal en el orden zodiacal chino. Las personas nacidas bajo este signo se consideran inteligentes y agudas, aunque bastante juguetonas. En la cultura china, los años del Mono son populares para nacimientos porque se cree que producirán niños inteligentes.

AÑOS DEL MONO

1932, 1944, 1956, 1968, 1980, 1992, 2004, 2016, 2028, 2040

FECHAS DE LOS AÑOS DEL MONO

Inicio	Fin	Tallo celestial	Rama terrenal
6 febrero 1932	25 enero 1933	Agua	Metal
25 enero 1944	12 febrero 1945	Madera	Metal
12 febrero 1956	30 enero 1957	Fuego	Metal
30 enero 1968	16 febrero 1969	Tierra	Metal
16 febrero 1980	4 febrero 1981	Metal	Metal
4 febrero 1992	22 enero 1993	Agua	Metal
22 enero 2004	8 febrero 2005	Madera	Metal
8 febrero 2016	27 enero 2017	Fuego	Metal
26 enero 2028	12 febrero 2029	Tierra	Metal
12 febrero 2040	31 enero 2041	Metal	Metal

CARACTERÍSTICAS GENERALES

Signo inventivo y carismático, a menudo eres la mente creativa detrás de cualquier cosa ingeniosa, incluidas las travesuras. Tu ingenio natural te permite comprender una situación a medida que se desarrolla y tomar la decisión correcta al lidiar con ella. En general, con tu mente ágil, tu profundo deseo de conocimiento y excelente memoria, puedes dominar cualquier tema. Esto se suma a tus habilidades de conversación y, con tu don de la palabra, ejerce una fuerte influencia e involucra a tu audiencia en discusiones serias.

Te adaptas fácilmente a cualquier situación y puedes ser competente en muchos tipos de trabajos. De manera constante, buscas satisfacción en tu ocupación y persigues tareas nuevas y más emocionantes. Experto solucionador de problemas, disfrutas escuchando los problemas de tus amigos y con frecuencia ayudas a aliviarlos. En el lado negativo, no sirves para ocultar tus sentimientos, sino que tiendes a mostrarlos abiertamente. Dicho esto, aunque seas terco, tu ira se pasa rápidamente.

✳ TIPOS DE MONO
POR AÑO DE NACIMIENTO

Es probable que, dependiendo del año en que naciste, muestres uno de estos cinco tipos de personalidad. El último número de tu año de nacimiento determina tu elemento feng shui, aunque hay que prestar atención a las fechas límite para determinar correctamente el signo animal. Esto es importante, en especial, si naciste en enero o febrero (véase El calendario lunar, pp. 12-13).

0 O 1	↔	TU ELEMENTO ES EL METAL ✛
2 O 3	↔	TU ELEMENTO ES EL AGUA 🌊
4 O 5	↔	TU ELEMENTO ES LA MADERA 🌿
6 O 7	↔	TU ELEMENTO ES EL FUEGO 🔥
8 O 9	↔	TU ELEMENTO ES LA TIERRA 🔶

MONO DE AGUA

1932 ▪ 1992

Siempre con objetivos claros, eres un ser que hace todo lo posible para alcanzarlos, aunque te muestras lo suficientemente flexible como para adaptar tus métodos mientras persigues tus metas. Tu inteligencia, creatividad y personalidad amigable se combinan para que tus ideas ganen adeptos, aunque generen dudas al principio. Te relacionas bien con los que te rodean y eres increíblemente persuasivo para hacer que otros hagan lo que te plazca. Los amigos y colegas deberían ser conscientes de esto, para que no los manipules en contra de su voluntad. Ten en cuenta que eres un tipo sensible que no responde bien a las críticas.

MONO DE MADERA

1944 ▪ 2004

Si bien te ganas el respeto de tus colegas sin problemas, tiendes a buscar aprobación de vez en cuando. Sin embargo, una vez que sabes que cuentas con el apoyo de ellos, resultas un amigo leal. Eres decidido por naturaleza y buscas la forma de mejorar una situación determinada si no estás contento con ella. No eres de los que se quedan de brazos cruzados, y te encanta aprender habilidades que te darán buenos resultados en el futuro. Eres independiente y capaz de cuidar de ti mismo en tiempos difíciles. Gozas de una mente perceptiva y sabes juzgar bien el carácter.

MONO DE FUEGO

1956 ▪ 2016

Competitivo por naturaleza, posees todas las cualidades de un buen líder. Tal potencial puede ayudarte a llegar a la cima y permanecer allí. También puede provocar que seas un poco dominante a veces, y harías bien en reconocer tus habilidades interpersonales, ya que eres experto en sacar el talento de quienes trabajan para ti. Como persona dominante, vigila para que cualquier actividad o muestra de agresión no se interprete como celos de los demás.

MONO DE TIERRA

1968 ▪ 2028

Sincero y con la cabeza en su sitio, a diferencia de otros tipos de Mono, no eres de los que desafían las convenciones. En consecuencia, eres quizás el más estable de todos. Estudioso y erudito, prefieres permanecer en segundo plano. Sin embargo, esto no significa que evites el reconocimiento de tus logros, y te desanimas fácilmente si no obtienes lo que crees que mereces. Eres muy inteligente, aunque no hablas demasiado y otros se benefician de tus sabios pensamientos.

MONO DE METAL

1980 ▪ 2040

Tu personalidad independiente y ambiciosa te convierte en un buen emprendedor. Una vez que te fijas una meta, eres implacable y la persigues hasta su finalización. Extremadamente enfocado, si estás de acuerdo con las instrucciones establecidas por otros, eres un jugador de equipo efectivo. Nunca te muestras complaciente y siempre buscas empresas creativas. Con tu don de palabra y persuasión, resultas un excelente vendedor. Se te dan bien las finanzas y te aseguras el futuro desde bien temprano.

TIPOS DE MONO
POR MES DE NACIMIENTO

Con tu mes de nacimiento, identifica tu tipo de personalidad dominante en una palabra o frase.

ENERO	FEBRERO	MARZO
Pragmática	Inteligente	Implicada
ABRIL	**MAYO**	**JUNIO**
Optimista	Radiante	Imprevisible
JULIO	**AGOSTO**	**SEPTIEMBRE**
Elocuente	Educada	Humilde
OCTUBRE	**NOVIEMBRE**	**DICIEMBRE**
Energética	Dinámica	Alegre

猴

CONSEJOS DEL FENG SHUI

Los signos de la fortuna cambian para cada año, mes y día, y la mejor manera de rastrearlos es mediante un almanaque fiable de feng shui. La información que sigue ofrece solo una orientación general para el signo del Mono.

	Buena suerte	Mala suerte
Números	4, 9, 49	2, 7, 27, 72
Días	1, 2, 8 del mes Día de éxito*: viernes Día de vitalidad**: jueves	9, 10, 17 del mes Día de mala suerte***: martes
Colores	Dorado, plateado, blanco, amarillo	Rojo, rosa
Direcciones	Suroeste, norte, noroeste, oeste	Sur, sureste
Flores	Del árbol de Júpiter, crisantemo, tulipán Ruby Prince	

* DÍA DE ÉXITO	Este día está lleno de energía positiva, y se considera venturoso para actividades personales o eventos sociales.
** DÍA DE VITALIDAD	Es el día en que estás más activo y dinámico.
*** DÍA DE MALA SUERTE	Este día se considera desfavorable, y deberías evitarlo para realizar actividades personales o celebrar eventos sociales.

DATO CURIOSO

Algunas palabras clave asociadas con el Mono son «inteligente», «tramposo» e «ingenioso». El término «mono» connota cariño, aunque también se usa de manera despectiva para describir a algunos adultos. La expresión «hacer monerías» se utiliza para indicar un gesto o acción graciosa infantil.

猴

FORTALEZAS DE TU CARÁCTER

Eres un ser que posee capacidades admirables y los demás se sorprenden constantemente de tu instinto e intuición. Cualesquiera que sean los objetivos que te propongas, haces todo lo posible para lograrlos. Con tu gran interés por todo, dedicas un intento incluso a la más mínima cosa que te intriga. Enormemente activo, siempre tienes algo entre manos, y tu dinamismo te permite utilizar tus recursos personales para prevalecer día tras día. Sin embargo, debes tener cuidado, no sea que agotes tu energía, aunque si se diera el caso, eres un ganador con la versatilidad necesaria para comenzar desde cero.

Te conocen por ser excepcionalmente afable y amable, y constantemente te esfuerzas para ayudar a otras personas. Los que te rodean te respetan y nunca te faltan aliados. Te esmeras en estar presentable y despliegas tu sentido del humor desde el momento en que entras en un grupo. Hay que reconocer tu energía, y aunque en general consideras las decepciones como simples experiencias de aprendizaje, ten por seguro que es poco probable que tus errores se repitan.

DEBILIDADES PERCIBIDAS

Aprovechas una situación que ofrezca la oportunidad de generar dinero rápido o superar a un oponente. También eres una criatura que puede sentirte tentada a utilizar su visión y naturaleza seductora para persuadir a otros a fin de que se te unan en una aventura, sin explicarles el fin último que persigues. En casos extremos, eres capaz de manipular a todos, ¡incluso a ti misma! Curiosamente, aunque siempre estás dispuesta a ofrecer consejos y ayudar a los demás, tu arrogancia hace que ignores los consejos de los demás e incluso rechazas las ofertas de ayuda. Vas a lo tuyo y no te gusta molestar a amigos, colegas ni a tu pareja.

Eres de trato difícil y te decepcionas cuando tus esfuerzos no logran el resultado que esperabas. Incluso puede costarte prestar atención a las ideas de los demás. No precisas mucho para ser feliz; ni las pequeñas victorias cambian tu manera de proceder. Sin embargo, si no vigilas, corres el riesgo de que tu falta de visión se interponga en el camino del progreso y el éxito.

FORTALEZAS DOMINANTES	DEBILIDADES DOMINANTES
Optimista	Egoísta
Entusiasta	Autocomplaciente
Desenvuelto	Celoso
Sociable	Sospechoso
Innovador	Malicioso
Inventivo	Arrogante
Carismático	Manipulador

猴

PERSPECTIVAS PROFESIONALES

Eres un ser astuto, adorable e idealista, características indicadas para transacciones fructíferas y para hacer lo inimaginable. Los Monos son muy adaptables y tienen la habilidad de hacer que parezca que están a cargo de la situación en todo momento. Te adaptas a cualquier situación y demuestras ser competente en diversas ocupaciones.

SITUACIONES ADECUADAS

Lleno de energía, también eres un ser curioso, lo que significa que siempre estás buscando nuevas experiencias de aprendizaje. Tu capacidad para absorber conocimientos te abre grandes oportunidades en muchos campos, incluidas las artes escénicas, los deportes, la enseñanza y el derecho. Te comes el mundo, por así decirlo, pero para conseguir éxito en cualquiera de esos campos, debes mantener tu interés y motivación. Dado que los Monos son espíritus libres que odian las restricciones de cualquier índole, se te dará mejor el trabajo como autónomo, para dar rienda suelta a tu energía e ideas innovadoras. Si se te permite trabajar de forma independiente, tienes más espacio para aplicar y desarrollar tu amplia gama de talentos.

FORTALEZAS PROFESIONALES

Al ser tan agradable, resultas un gran compañero de trabajo y te encanta pasártelo bien; con frecuencia eres la fuente de energía burbujeante alrededor de la que todos se agolpan. Si usas bien tus excelentes habilidades sociales, serás muy influyente. En el trabajo, los que ocupan altos cargos se fijan en tus propuestas e ideas por su solidez y eficacia. Te gusta encontrar placer en el trabajo y, con tu entusiasmo, es probable que completes tareas con óptimos resultados. Sin embargo, una vez que la novedad desaparece, buscas un cambio, algo nuevo o más satisfactorio. El anhelo de avance es una gran fuerza impulsora para ti, y estás dotado de habilidades útiles para producir mayores ingresos. Se puede confiar en ti para resolver situaciones complejas, y donde otros se pierden tratando de encontrar soluciones, tú siempre das con un plan de acción viable.

PERSPECTIVAS
DE VIDA DOMÉSTICA

Cuando se trata del hogar, tus responsabilidades parentales son la prioridad. Los niños constituyen la razón principal de tu existencia. Por regla general, te resulta un honor cumplir con tus deberes como proveedor y cuidador. Sin embargo, ten en cuenta que podría moverte la necesidad de que te perciban como un progenitor ideal en lugar de los sentimientos de amor por tu descendencia.

EDUCAR A LOS HIJOS

Siempre te propones participar en las actividades de tus hijos y dar la bienvenida a sus amigos a tu hogar. En momentos como este, tu personalidad alegre y enérgica entra en juego. Nunca te preocupas demasiado por las formas; en educación, tu lema es que cuanto más simples sean las cosas, mejor. Mientras todos se sientan bien, te sientes feliz de satisfacer los caprichos de tus hijos y darles buenos consejos. No hay lugar para el aburrimiento y te tomas cada día como si fuera fiesta. Notas si algo anda mal con uno de tus pequeños, o si algo les preocupa. Dicho esto, no eres el más consistente de los progenitores. Con una mente ocupada y una vida social activa, a veces es posible que no cumplas con una fecha prometida o un compromiso con tus hijos, cosa que, por supuesto, provoca decepción.

DECORACIÓN DEL HOGAR

El Mono se asocia al elemento metal y la energía yang. Como se refleja en tu hogar, esto significa que los espacios son dinámicos y coloridos. Lo más notable es el elemento de diversión. No es sorprendente ver citas divertidas o ingeniosas en marcos de colores brillantes o en piezas de arte cómicas. Tu colección de películas incluye muchas comedias. Tu afición por el elemento metálico se ve en el mobiliario y los accesorios, como muebles y piezas decorativas que brillan: antigüedades de cristal y muchos espejos. Para la paz y la tranquilidad ocasionales, necesitas un flujo de agua, como un acuario o una fuente, a fin de promover un estado de ánimo reflexivo. Azul, amarillo y blanco son tus colores de la suerte y tiendes a evitar los tonos neutros o terrosos.

AMOR Y AMISTAD

Entre todos los signos, eres el más admirado por aportar alegría a la vida de los demás. A menudo eres un ser ingenioso y buen conversador, y la gente te quiere en las fiestas o reuniones sociales.

PAREJAS INDICADAS

Rata, Dragón y Serpiente son los más compatibles contigo en un sentido romántico, en particular este último, que es tu amigo secreto. Estos signos también son buenos aliados y socios en los negocios. Buey, Conejo, Cabra, Caballo y Perro también complementan tu personalidad. Sin embargo, tu optimismo y glamour se pierden con el Tigre. La rueda de compatibilidad tampoco favorece un romance entre Mono y Cerdo. Pueden tratar de tolerar las excentricidades del otro, pero las cosas no serán de color de rosa.

HALLAR EL EQUILIBRIO

No se te da bien gestionar tu propia felicidad. Amigos y pareja deben esforzarse para que las cosas funcionen, y con poco te molestas. Tu pareja elegida necesita paciencia para encontrar el equilibrio en la relación.

Tanto en el cortejo como en las relaciones a largo plazo, eres un ser dulce y amoroso. Muchos se sienten atraídos por esto. A su vez, te sientes fácilmente atraído por los que son felices y amables, como tú. Antes de comprometerte, observas todos los aspectos de una relación, incluida la crianza de los hijos y las responsabilidades relacionadas. No dediques demasiado tiempo a tal reflexión, ya que otros pueden verlo como una falta de ganas de dar el siguiente paso. Una vez que decides darlo, tu lealtad es incuestionable. Eres un compañero ideal y esperas que tu pareja lo sea también.

AMIGOS Y ALIADOS	RATA	DRAGÓN	MONO

LA PAREJA PERFECTA — SERPIENTE

LA LEYENDA

DE LOS

DOCE

ANIMALES

El Zodíaco sigue siendo un aspecto importante de la cultura tradicional china, y existen muchas leyendas en torno a la elección de los animales que figuran en él. La historia más popular involucra al legendario Emperador de Jade que gobernó los Cielos.

La leyenda cuenta que el Emperador de Jade organizó un concurso al que invitó a todos los animales de la Tierra a cruzar un enorme río. Los primeros doce en cruzarlo serían los que representarían los años de un calendario que se estaba diseñando en ese momento.

Entre los primeros en llegar a la línea de salida estaban la rata y el gato. Debido a que eran malos nadadores, los dos le preguntaron al buey si podían montar sobre su lomo. A mitad de la carrera, la rata empujó al gato al río, por lo que este no pudo completar la carrera. Se cree que esa es la razón por la cual estos dos animales son enemigos hasta el día de hoy.

Cuando el buey estaba cerca de la orilla, la rata saltó para convertirse en el primer animal en terminar la carrera. Detrás de la rata iban el buey, el tigre y el conejo. El dragón llegó en quinto lugar: podría haber quedado mejor situado gracias a su capacidad para volar, pero se retrasó porque ayudó al manso conejo a llegar a la orilla. La serpiente y el caballo terminaron en sexto y séptimo lugar, respectivamente. La cabra, el mono y el gallo se ayudaron durante la carrera y obtuvieron el octavo, noveno y décimo lugar.

El perro, a pesar de ser un buen nadador, terminó en undécimo lugar porque se tomó todo el tiempo para darse un buen baño. Finalmente, el cerdo, después de hacer una siesta, se convirtió en el duodécimo y último animal en cruzar la meta, con lo que se completaba el ciclo del Zodíaco.

Este orden ha perdurado desde que se registró oficialmente durante el reinado del emperador Huang Ti, alrededor del año 2637 a. C. A cada año se le asigna un animal y el ciclo se repite en este orden: Rata, Buey, Tigre, Conejo, Dragón, Serpiente, Caballo, Cabra, Mono, Gallo, Perro y Cerdo.

EL GALLO

E l Gallo, el décimo signo animal en el Zodíaco chino, simboliza la confianza y la inteligencia. Decisivo y franco, este signo también se asocia comúnmente con el poder, el coraje, la benevolencia y la confiabilidad.

AÑOS DEL GALLO

1933, 1945, 1957, 1969, 1981, 1993, 2005, 2017, 2029, 2041

FECHAS DE LOS AÑOS DEL GALLO

Inicio	Fin	Tallo celestial	Rama terrenal
26 enero 1933	13 febrero 1934	Agua	Metal
13 febrero 1945	1 febrero 1946	Madera	Metal
31 enero 1957	17 febrero 1958	Fuego	Metal
17 febrero 1969	5 febrero 1970	Tierra	Metal
5 febrero 1981	24 enero 1982	Metal	Metal
23 enero 1993	9 febrero 1994	Agua	Metal
9 febrero 2005	28 enero 2006	Madera	Metal
28 enero 2017	15 febrero 2018	Fuego	Metal
13 febrero 2029	2 febrero 2030	Tierra	Metal
1 febrero 2041	21 enero 2042	Metal	Metal

CARACTERÍSTICAS GENERALES

Persona a menudo un poco excéntrica, mantienes relaciones difíciles con los demás. ¡Crees que siempre tienes razón y, en general, es así! Puedes ser egoísta y demasiado franca, pero eres cautivadora y extremadamente valiente.

Muestras un vivo interés por la ropa, los colores y los accesorios, y puedes ser muy crítica con tu propia apariencia y con la de los demás. Te gusta destacar y que te halaguen. Te criticarán por presuntuosa, pero la compasión y la sabiduría que salen a la luz cuando otros necesitan ayuda compensan este defecto.

Al avanzar hacia lo que quieres, puedes enfrentarte a bloqueos que te desgastan. Sin embargo, con tu firme determinación, te recuperas rápido. Eres pragmática, pero sueñas y eres lo bastante valiente como para perseguir tus objetivos de vida. Te sientes incómoda cuando otras personas muestran curiosidad por tus asuntos personales, y te resulta difícil tomarte las críticas a la ligera. No dejas lugar a la mezquindad, lo que se suma a tu envidiable confianza en ti misma.

雞

TIPOS DE GALLO POR AÑO DE NACIMIENTO

Es probable que, dependiendo del año en que naciste, muestres uno de estos cinco tipos de personalidad. El último número de tu año de nacimiento determina tu elemento feng shui, aunque hay que prestar atención a las fechas límite para determinar correctamente el signo animal. Esto es importante, en especial, si naciste en enero o febrero (véase El calendario lunar, pp. 12-13).

1 O 2	↔	TU ELEMENTO ES EL METAL	✛
3 O 4	↔	TU ELEMENTO ES EL AGUA	〰
5 O 6	↔	TU ELEMENTO ES LA MADERA	🍂
7 U 8	↔	TU ELEMENTO ES EL FUEGO	✋
9 O 0	↔	TU ELEMENTO ES LA TIERRA	❀

GALLO DE AGUA

1933 ▪ 1993

Inteligente e ingeniosa, eres una persona experta en encontrar soluciones rápidas incluso para situaciones difíciles. En cuanto a la carrera, sin problemas obtienes el apoyo de tus superiores y la cooperación de tus colegas. Eres tranquila, pero muy sensible y orgullosa. Aunque gozas de buen ojo para lo artístico, no muestras tus logros y adquisiciones. Ten cuidado de no ofender a los demás con tu forma demasiado franca y directa de expresar tus pensamientos.

GALLO DE MADERA

1945 ▪ 2005

Sociable y dispuesta a lo que sea por los amigos, eres una persona a la que le gusta la compañía y das una importancia primordial a los asuntos familiares. En grupo, casi siempre eres la que hace bromas y rebaja la tensión. Tiendes a ser demasiado dependiente de los que te rodean: trata de ser más paciente y perseverante para aliviar tus problemas en lugar de depender de los demás. También eres algo dada a la fantasía y necesitas equilibrar tu tendencia soñadora. Escrupulosa con los detalles, corres el riesgo de que otros encuentren tus estándares un tanto elevados.

GALLO DE FUEGO

1957 ▪ 2017

Persona inteligente, segura y emprendedora, eres una líder nata y te creces en situaciones competitivas. Prefieres un trabajo desafiante a uno monótono y disfrutarás de un gran éxito profesional. Buscas estímulos constantes en el lugar de trabajo y te vuelves irritable cuando no puedes completar una tarea a tiempo. Eres bastante impaciente, y no te quedas tranquila si no terminas las cosas. Independiente como eres, valoras tu privacidad y a veces evitas la intimidad.

GALLO DE TIERRA

1969 ▪ 2029

Eres el más activo de los tipos de Gallo, te gusta viajar y hacer amigos. Pragmático en el trabajo, te basas en experiencias pasadas para resolver problemas presentes mientras despliegas paciencia y perseverancia en todo momento. Propenso a estar orgulloso, es posible que no te muestres abierto a las opiniones de los demás, lo que puede ser un obstáculo. Aun así, tu carrera funciona sin problemas gracias a tu arduo trabajo y al apoyo de tus superiores. Encantador por naturaleza, seguro que disfrutarás de una vida sentimental feliz. También eres afortunado con la riqueza, por tu gran capacidad para generar ingresos.

GALLO DE METAL

1981 ▪ 2041

Independiente y determinado, eres un ser que se mantiene firme en situaciones adversas y no se rinde fácilmente. Eres fiable y demuestras tu verdadero valor como amigo en tiempos difíciles. Sin embargo, tiendes a ser testarudo y no participas en algo sin un propósito claro. Eres un observador agudo. Dotado de grandes habilidades de comunicación, trabajas armoniosamente en equipo y destacas en trabajos que requieren de tu poder de negociación. Sin embargo, ten cuidado al escalar, ya que tu fuerte personalidad puede emerger y alejar a otros, que te creerán duro y difícil de complacer.

TIPOS DE GALLO
POR MES DE NACIMIENTO

Con tu mes de nacimiento, identifica tu tipo de
personalidad dominante en una palabra o frase.

ENERO	FEBRERO	MARZO
Despierta	Alma libre	Noble
ABRIL	**MAYO**	**JUNIO**
Despreocupada	Diligente	Sensible
JULIO	**AGOSTO**	**SEPTIEMBRE**
Impetuosa	Individualista	Impávida
OCTUBRE	**NOVIEMBRE**	**DICIEMBRE**
Incorruptible	Justa	Inspiradora

雞

CONSEJOS DEL FENG SHUI

Los signos de la fortuna cambian para cada año, mes y día, y la mejor manera de rastrearlos es mediante un almanaque fiable de feng shui. La información que sigue ofrece solo una orientación general para el signo del Gallo.

	Buena suerte	Mala suerte
Números	5, 7, 8, 57, 58	1, 3, 9, 13, 19
Días	7, 14, 25 del mes Día de éxito*: viernes Día de vitalidad**: jueves	3, 11, 24 del mes Día de mala suerte***: martes
Colores	Marrón, blanco, dorado, amarillo	Rojo, rosa, morado, naranja
Direcciones	Oeste, sur, sureste	Este
Flores	Celosía, cresta de gallo, gladiolo Glamini enano	

* DÍA DE ÉXITO — Este día está lleno de energía positiva, y se considera venturoso para actividades personales o eventos sociales.

** DÍA DE VITALIDAD — Es el día en que estás más activo y dinámico.

*** DÍA DE MALA SUERTE — Este día se considera desfavorable, y deberías evitarlo para realizar actividades personales o celebrar eventos sociales.

DATO CURIOSO

El Gallo es el único animal del horóscopo chino cuya silueta se asemeja a la forma de China en el mapa. Esta es una de las muchas razones por las que es un signo muy querido que se ha asociado con la buena fortuna.

FORTALEZAS DE TU CARÁCTER

Como ser social que eres, estás en tu salsa cuando haces nuevos conocidos en fiestas y celebraciones. Además, eres un fantástico anfitrión, que sabe hacer lo que debe para complacer a sus invitados. Es probable que tu círculo social incluya amigos de una variedad de esferas diferentes, porque los Gallos disfrutan de todo tipo de personalidades.

La gente podría describirte como obstinado, amigable y muy talentoso. Eres particularmente querido por tu espíritu sincero y compasivo, y a menudo te conmueven las causas humanitarias y ambientales. La lectura es tu pasión particular, y puedes involucrar a cualquiera en el discurso intelectual. Además, eres un filósofo profundo, eres crítico, y muy pocas cosas te pasan por alto. Acostumbras a pensar que tienes razón, lo cual puede parecer presuntuoso, pero casi siempre resulta ser cierto.

Tu carácter y espíritu hedonistas aseguran una excelente impresión duradera en las personas con las que te encuentras. Posees grandes ambiciones, pero ten cuidado de no dejar que amenacen las relaciones con quienes te rodean. El éxito en este sentido hace que tus ideas creativas beneficien a muchos.

FORTALEZAS DOMINANTES	DEBILIDADES DOMINANTES
Honrado	Perfeccionista
Sensible	Crédulo
Independiente	Impaciente
Capaz	Crítico
Compasivo	Excéntrico
Decidido	Estrecho de miras
Filosófico	Egoísta

DEBILIDADES PERCIBIDAS

Eres un ser propenso a pensar demasiado bien de ti mismo. Durante las discusiones intelectuales, a menudo muestras poca consideración por otros puntos de vista y eres capaz de ser brutalmente franco. Rara vez toleras la mezquindad. Ten cuidado, ya que, por desgracia, esta confianza en ti mismo se percibe en ocasiones como arrogancia.

Eres transparente acerca de tus ideas y estás tan motivado que a veces no puedes controlarte; a menudo dices cosas de las que luego te arrepientes. Además, montas un escándalo por menudencias y te distraes fácilmente. Esto hace que pierdas mucho tiempo en trivialidades mientras te privas de la oportunidad de concentrarte en asuntos más importantes. Aunque en ocasiones eres sensible, no se te puede criticar por tu sinceridad y fiabilidad.

Si bien eres pragmático, también sueñas y eres lo bastante valiente como para perseguir lo que deseas. Cualquier cosa que amenace con obstaculizar tus sueños te deprime, pero en general te recuperas rápido. Te resulta difícil aceptar las críticas y muestras inquietud cuando otras personas se meten en tus asuntos personales.

PERSPECTIVAS PROFESIONALES

Siempre se te ocurren ideas creativas para contribuir al trabajo en equipo. Captas con rapidez los puntos clave, calas a la gente y eres muy entusiasta con tus tareas. Muy adaptable a cada situación, al principio de tu carrera ya surgirán oportunidades para desarrollar tu talento y se te reconocerá tu aportación. Sostenido por tu ambición juvenil, disfrutarás de una carrera exitosa con buenos ingresos.

PUNTOS ÁLGIDOS DE TU CARRERA

Parece que sea cual sea la profesión que elijas, destacas por tu entusiasmo ilimitado. Puedes optar por el sector del entretenimiento, donde utilizarás tu elocuencia natural, ingenio y habilidades sociales. Aunque no acabes siendo artista, puedes ser un excelente agente para futuras celebridades debido a tu capacidad de persuasión, comunicación y gestión.

Posees inclinaciones artísticas y te encanta ser el centro de atención. Esta creatividad te predispone para trabajos que requieran un buen ojo para los detalles y el estilo. Con buen sentido de la organización, siempre tienes a punto tus listas de tareas pendientes. Manejas bien las finanzas y sabes ahorrar dinero: es poco probable que la escasez de efectivo sea un problema para ti. A pesar de la promesa de una carrera estable, es posible que no desees trabajar por cuenta ajena toda la vida y aspires a montar tu propio negocio. Con tu previsión e inteligencia, esto no es del todo imposible: las perspectivas son buenas y siempre dispondrás de un aliado.

PERSONALIDAD ARROLLADORA

A pesar de todo tu impulso, ambición y prudencia con el dinero, tu lado vanidoso hace que presumas y te gobierna tu naturaleza de búsqueda del placer. Como a veces muestras impaciencia y rigidez, es posible que no seas la mejor opción para una posición de liderazgo: tu personalidad independiente tomaría a los otros desprevenidos. No te guardas lo que piensas y fácilmente ignoras las opiniones de los demás; aun así, tu personalidad agradable se gana el respeto. Puede que no seas la más discreta de las personas, pero actúas con franqueza y lealtad.

雞

PERSPECTIVAS
DE VIDA DOMÉSTICA

Leal a una pareja, aspiras a una familia numerosa. No se te da bien el trato con los niños, pero puedes ser diligente, aunque algo autoritario. Para ti es prioritario asegurar la mejor educación posible para tu descendencia.

CON LOS HIJOS

Eres un progenitor responsable y dispuesto a cualquier sacrificio por el bien de tus hijos. Procura que no detecten esta debilidad y se aprovechen de ella. Ciertamente, esperas respeto de los más pequeños y te sorprende y molesta toda forma de rebelión o desacato en una criatura. No toleras los desacuerdos: cualquier forma de conflicto te hace sentir perdido y te duele.

ESTILO DE VIDA TÍPICO

Eres una persona experta en hacer muchas cosas a la vez, tanto que otros se preguntan cómo puedes lograr tanto éxito. Obstinada y conversadora, puedes parecer dominante. Te vistes con elegancia sin ser extravagante. Tu gusto con clase, que se muestra en un hogar bien equipado, es la envidia de muchos. Quieres que tu hogar sea serio y sensato. Te gustan los espacios privados donde sentirte segura y protegida y haces todo lo posible para vivir en un entorno donde tú y tu familia os sintáis seguros.

Al ser un animal yin, tu hogar cuenta con muchos elementos de metal y agua. Tu estilo es más bien conservador, con muebles cómodos y poca iluminación, propicia para la lectura y actividades de descanso. Los colores son predominantemente cálidos, con dorados, amarillos y marrones, que aportan una sensación otoñal relajada. Al fin y al cabo, esa es la temporada que te recuerda momentos felices y en la que puedes mirar atrás al cosechar lo que sembraste. Estás decidida a obtener éxito en la vida, y un hogar que te permita relajarte es tu idea de recompensa después de un día de arduo trabajo.

AMOR Y AMISTAD

Estás entre los signos animales afortunados en el amor.
Las personas nacidas en un año del Gallo son valientes,
tranquilas y apasionadas. En la vida y en el amor, anhelas
la atención y elogios de los demás, en especial de tu pareja.
Sabes cuándo los sentimientos son reales y solo respondes
cuando las intenciones son sinceras.

雞

TUS MEJORES PAREJAS

Los nacidos bajo el signo del Gallo congenian con las personas nacidas el año del Dragón, su amigo secreto, el Buey y la Serpiente. Nunca te aburrirás con un Buey. Con la Serpiente y el Dragón, la compatibilidad aumenta aún más debido a sus muchas características complementarias. Encuentras apoyo en los nacidos en los años de la Cabra, el Cerdo, el Rata y el Tigre. Por desgracia, mientras que otro Gallo es un gran aliado, existen pocas perspectivas para el romance. Sus personalidades son tan dominantes que es probable que no estéis dispuestos a ceder ni uno ni otro. Encuentras al Mono demasiado evasivo y al Perro demasiado reservado.

ALTIBAJOS

Vistes con elegancia –en todo momento–, lo cual te hace irresistible. También ayuda tu energía vibrante y perspectiva optimista de la vida. Eres un espíritu tan libre que es probable que entables más de una relación a la vez. El amor significa mucho para ti, y aunque puedes coquetear al principio, solo mantendrás una relación con potencial real. Una vez en ella, serás leal hasta la médula, te esforzarás por la unión y cuidarás muy bien de tu pareja.

Con tu naturaleza encantadora y romántica, quieres que tus relaciones duren. Tu único obstáculo son tus sentimientos radicales: las personas te gustan o no te gustan y no hay término medio. Esto puede hacer que el romance y la intimidad sean difíciles de mantener. Además, puedes ser una persona controladora y tenderás a discutir por nimiedades. Tu orgullo, y a veces tu autoestima fuera de lugar, amenazan con poner en peligro los esfuerzos por construir relaciones armoniosas. Si pudieras manejar estas debilidades, gozarías de mayores oportunidades para construir una relación perfecta.

AMIGOS Y ALIADOS

BUEY **SERPIENTE** **GALLO**

LA PAREJA PERFECTA – DRAGÓN

EL
PERRO

El Perro, que ocupa el undécimo lugar del Zodíaco chino, es el máximo símbolo de lealtad y sinceridad. Tanto en la cultura oriental como en la occidental, se considera el mejor amigo del ser humano debido a su firme lealtad.

AÑOS DEL PERRO

1934, 1946, 1958, 1970, 1982, 1994, 2006, 2018, 2030, 2042

FECHAS DE LOS AÑOS DEL PERRO

Inicio	Fin	Tallo celestial	Rama terrenal
14 febrero 1934	3 febrero 1935	Madera	Tierra
2 febrero 1946	21 enero 1947	Fuego	Tierra
18 febrero 1958	7 febrero 1959	Tierra	Tierra
6 febrero 1970	26 enero 1971	Metal	Tierra
25 enero 1982	12 febrero 1983	Agua	Tierra
10 febrero 1994	30 enero 1995	Madera	Tierra
29 enero 2006	17 febrero 2007	Fuego	Tierra
16 febrero 2018	4 febrero 2019	Tierra	Tierra
3 febrero 2030	22 enero 2031	Metal	Tierra
22 enero 2042	9 febrero 2043	Agua	Tierra

CARACTERÍSTICAS GENERALES

Eres un ser que posee un profundo sentido de la lealtad, eres sincero e inspiras confianza porque sabes guardar un secreto. Idealista y soñador hasta la médula, nunca llegas a aceptar el hecho de que la injusticia y la opresión existan en el mundo.

Algunos no ven tu lado sagaz, que a veces raya en el cinismo y el pesimismo. Tiendes a imaginar cosas que podrían salir mal a tu alrededor, y esto te causa una ansiedad y un estrés indebidos, en especial si sientes que no eres de ninguna ayuda en esas situaciones. Por otro lado, eres muy solidario con los que te son leales. Eres un alma altruista y no lo piensas dos veces antes de usar tus recursos para ayudar a otros.

Por tu gran sentido del deber y la responsabilidad, eres un buen líder, pero necesitas aprender a relajarte y darte cuenta de que es imposible controlarlo todo. Puedes ser frío y, a veces, distante. También tiendes a encontrar fallos en muchas cosas y te caracterizas por tu lengua afilada.

狗

TIPOS DE PERRO
POR AÑO DE NACIMIENTO

Es probable que, dependiendo del año en que naciste, muestres uno de estos cinco tipos de personalidad. El último número de tu año de nacimiento determina tu elemento feng shui, aunque hay que prestar atención a las fechas límite para determinar correctamente el signo animal. Esto es importante, en especial, si naciste en enero o febrero (véase El calendario lunar, pp. 12-13).

0 0 1	↔	TU ELEMENTO ES EL METAL	✛
2 0 3	↔	TU ELEMENTO ES EL AGUA	🐚
4 0 5	↔	TU ELEMENTO ES LA MADERA	🌾
6 0 7	↔	TU ELEMENTO ES EL FUEGO	✋
8 0 9	↔	TU ELEMENTO ES LA TIERRA	✿

PERRO DE MADERA

1934 ▪ 1994

Sincero, confiable y modoso, especialmente en tu discurso, eres un ser que posee un fuerte sentido de la justicia y se opone a las prácticas injustas, y rara vez retrocede hasta que se le ofrecen disculpas. Te sientes genuinamente agradecido por los favores y el apoyo que recibes y tratas de demostrarlo de varias maneras. Eres persistente y disfrutas de experiencias valiosas en el trabajo. No eres de los que buscan extravagancia y tiendes a regatear antes de hacer una compra de cualquier tipo. Otros pueden hallar objeciones, pero esta es tu clave para una futura vida fácil y cómoda.

PERRO DE FUEGO

1946 ▪ 2006

Signo conocido por ser gentil y amable, se te brinda la oportunidad de crearte un futuro brillante. Es probable que cumplas tus sueños, no porque estés muy motivado, sino porque tus ideales no son tan elevados. Leal y generoso, se te controla fácilmente en una relación. Cuando te piden ayuda los amigos con problemas, eres comprensivo, pero no tiendes la mano sin analizar la situación. Cuando se trata del amor, expresas tus sentimientos de una manera muy directa, lo cual puede considerarse poco romántico.

PERRO DE TIERRA

1958 ▪ 2018

De grandes principios, te reafirmas en tus acciones y decisiones. Esto a veces se manifiesta cuando dices y haces lo que piensas, algo que puede ofender inadvertidamente a algunas personas. Este es un rasgo poco afortunado, ya que nunca pretendes lastimar a otros. No te gusta entrometerte en las vidas de los que te rodean, y no soportas ninguna forma de interferencia en la tuya. Puede que no seas la mejor persona para crear una atmósfera romántica, pero sí lo das todo por tus seres queridos y eres muy fiel.

狗

PERRO DE METAL

1970 • 2030

Como criatura independiente, prefieres confiar en tus propios esfuerzos en lugar de buscar ayuda. Trabajador meticuloso, gracias a tu prudencia al gastar gozarás de seguridad económica en la vida. También disfrutas de una gran seguridad en cualquier trabajo, porque no te lo piensas dos veces antes de ayudar a otros a terminar ciertas tareas. Eres bueno en política y es probable que disfrutes de buena suerte en el apogeo de tu carrera. Gestionas bien tus finanzas y prefieres una vida simple que te permita ahorrar para el futuro.

PERRO DE AGUA

1982 • 2042

En general, y con la ayuda de benefactores y mentores, eres un ser que navega tranquilo por la vida. Es posible que debas trabajar duro en tu juventud, y que tu suerte mejore más adelante. Eres el tipo de Perro de florecimiento más tardío. Serio y responsable, puedes permanecer en un mismo puesto laboral durante mucho tiempo. Eres un buen administrador del dinero y planificas bien tus compras. Pero ten cuidado: si bien puedes ganar dinero fácil, es posible que solo cuentes con un ingreso estable en lugar de una gran fortuna. Tus relaciones románticas se beneficiarían de una mejor comunicación.

TIPOS DE PERRO
POR MES DE NACIMIENTO

Con tu mes de nacimiento, identifica tu tipo de personalidad dominante en una palabra o frase.

ENERO	FEBRERO	MARZO
Prudente	Aventurera	Realista
ABRIL	**MAYO**	**JUNIO**
Ambiciosa	Sincera	Extravagante
JULIO	**AGOSTO**	**SEPTIEMBRE**
Optimista	Analítica	Versátil
OCTUBRE	**NOVIEMBRE**	**DICIEMBRE**
Agradable	Vital	De fiar

狗

CONSEJOS DEL FENG SHUI

Los signos de la fortuna cambian para cada año, mes y día, y la mejor manera de rastrearlos es mediante un almanaque fiable de feng shui. La información que sigue ofrece solo una orientación general para el signo del Perro.

	Buena suerte	Mala suerte
Números	3, 4, 9, 34, 39	1, 6, 7, 16, 17
Días	5, 9 27 del mes Día de éxito*: lunes Día de vitalidad**: miércoles	3, 11, 12 del mes Día de mala suerte***: jueves
Colores	Morado, beis, crema, rojo	Blanco, azul, dorado
Direcciones	Noroeste, este, sur, noreste	Sureste
Flores	Rosa Middleton Valley, orquídea	

* DÍA DE ÉXITO Este día está lleno de energía positiva, y se considera venturoso para actividades personales o eventos sociales.

** DÍA DE VITALIDAD Es el día en que estás más activo y dinámico.

*** DÍA DE MALA SUERTE Este día se considera desfavorable, y deberías evitarlo para realizar actividades personales o celebrar eventos sociales.

DATO DE FENG SHUI

En la antigua China, los perros se usaban para el transporte de mercancías más que como compañeros. Hoy en día, la imagen del perro se utiliza como símbolo de protección y suerte en muchos establecimientos y hogares chinos. Los caniches negros son más populares porque se asocian particularmente con la buena suerte.

FORTALEZAS
DE TU CARÁCTER

Si naciste en el año del Perro, seguramente eres un ser realista y directo. Fiel, valiente, sagaz y de buen corazón, eres discreto y se puede confiar en ti para guardar secretos, cosa que te gana la confianza de tus amigos y colegas. Eres un buen líder.

Observador y perceptivo, eres capaz de evaluar el carácter de alguien que acabas de conocer simplemente observando su aspecto y cómo se expresa. Sin embargo, te contienes y no verbalizas tus impresiones, para que no conduzcan a un malentendido. Controlas tus sentimientos y puedes ser muy perceptivo. Sabes cuándo obviar simples recelos, por lo que siempre eres bienvenido en cualquier grupo.

Estás sediento de aprendizaje y no te detienes hasta dominar una materia antes de comenzar una nueva. Cuidar de las cosas hasta su finalización es un rasgo muy positivo y rara vez dejas algo a medias. Eres un pensador rápido y mantienes la calma, incluso bajo presión. En las raras ocasiones en que pierdes los estribos, nunca dura mucho. Contradices la expresión que dice que «perro viejo no aprende trucos nuevos» cuando se trata de un fracaso. En lugar de lamentarte por los pasos en falso, los aprovechas como lecciones y oportunidades para aprender o mejorar.

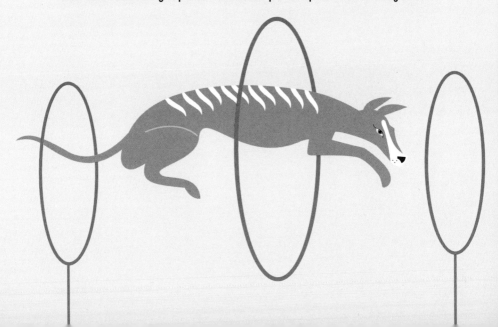

DEBILIDADES PERCIBIDAS

Puedes parecer vigoroso y vital, pero en el fondo eres sagaz e incluso un poco cínico y pesimista. Tiendes a imaginar que las cosas salen mal. Elaboras teorías sin ninguna base, lo que te causa una ansiedad indebida y excesiva preocupación, en especial si sientes que una situación está fuera de tu alcance.

Eres de opiniones fuertes y te cuesta confiar en los demás. Una vez que lo haces, sin embargo, eres muy leal. Pero cuando traicionan tu confianza, no muestras reparos en darle a la parte infractora una dosis de su propia medicina. A menudo atraído por los extremos, no sueles tomas el término medio o cambias tus puntos de vista sobre alguien; por lo tanto, es importante causarte una buena primera impresión.

Aunque sueles ser atractivo, puedes resultar frío y, a veces, distante. Rápido para encontrar fallos en los demás, tu lengua puede ser afilada. Tu tendencia a la irritabilidad te crea ansiedad sin motivo alguno, pero siempre te tomas el tiempo para calmarte y recuperar la compostura.

FORTALEZAS DOMINANTES	DEBILIDADES DOMINANTES
Leal	Inflexible
Sensible	Voluble
Responsable	Hipersensible
Listo	Conservador
Valiente	Testarudo
Vital	Emocional
Perceptivo	Cínico

狗

PERSPECTIVAS PROFESIONALES

De personalidad naturalmente cálida, eres el ser perfecto para trabajos que requieren habilidades interpersonales. Tu orientación al servicio te hace ideal para el bienestar social, la educación, el derecho o la medicina. Sin embargo, necesitas la motivación adecuada para maximizar tus fortalezas inherentes. Sin ella, careces de impulso interno y tiendes a seguir la corriente, y eso puede impedirte alcanzar tus objetivos.

EN EL TRABAJO

Siempre fuente de sugerencias perspicaces, eres de gran ayuda para los que toman decisiones. Como líder, te impulsan tus fortalezas y las usas como guía al elegir empleados. No te cuesta cubrir ciertos puestos de trabajo con candidatos ideales que poseen las habilidades adecuadas. Eres un gran solucionador de problemas y no temes las actividades competitivas, lo cual te hace sentir más vivo y en tu elemento.

Gracias a tu encanto, siempre te ganas el apoyo de tus compañeros de trabajo, superiores o socios comerciales. Como colega, se puede contar con tu ayuda cuando sea necesario. La prestas no solo porque puedes o con un ojo puesto en la recompensa potencial, sino porque esperas aprender algo valioso de tus esfuerzos. Con esta mentalidad de aliviar la carga de otras personas, cabe esperar que seas un buen consejero, maestro, trabajador de la justicia o religioso.

OPORTUNIDADES DE CARRERA

Al principio de tu vida laboral, aunque carezcas de experiencia, ya ofreces grandes ideas y sugerencias. Solo necesitas un mentor que te ayude a desarrollar tus habilidades. Eres una persona seria y no te rindes fácilmente, a pesar de las dificultades que afrontes. En consecuencia, irás ascendiendo y conseguirás estabilidad laboral enseguida. A lo largo de tu vida profesional, surgirán oportunidades de crecimiento y promoción, o de expansión, si decides entrar en un negocio. Con tu sinceridad y optimismo, hallarás satisfacción profesional en todas partes. Sin embargo, debes evitar gastos innecesarios para impedir un desastre financiero. Controla la inversión de tu dinero, ganado con gran esfuerzo, en negocios innovadores.

PERSPECTIVAS
DE VIDA DOMÉSTICA

Lejos de ser materialista, obtienes el mayor placer de tu familia y tus seres queridos. Alma altruista, prefieres usar tus recursos para ayudar a otros. Mientras puedas apoyar a los miembros de la familia y disfrutar de algún lujo ocasional con ellos, te sentirás bien.

VIDA FAMILIAR

Te sientes a tus anchas en reuniones pequeñas e íntimas donde disfrutar de conversaciones significativas con familiares y amigos. En grupos tan pequeños, otros también gozan de tu compañía, cautivados por tus interesantes ideas e historias. Tu naturaleza sincera y realista emerge en estos encuentros.

Con propensión al sentimentalismo, quedas temporalmente debilitado por problemas y tragedias familiares. Sin embargo, no es algo duradero, y siempre encuentras formas de superar tales dificultades. Cuando se trata de los hijos, eres un buen modelo que seguir y representas su amigo y protector más leal. Tu mundo gira en torno a su bienestar: desde satisfacer sus necesidades, guiarlos y disciplinarlos mientras son jóvenes, hasta verlos construir sus propias vidas, llevas a cabo tus obligaciones con la mayor dedicación.

**EL HOGAR
DE UN PERRO**

Eres un ser extremadamente organizado y no soportas el desorden, por lo que es importante que tu hogar esté bien cuidado y ordenado, donde todo tiene su lugar. No rehúyes las tareas domésticas, algo que refleja tu necesidad de ser activo y útil. Eres muy territorial y tu deseo de espacio personal a veces causa conflicto entre los miembros de la familia. Cada espacio y cada habitación de tu casa debe responder a un propósito práctico, y el lujo está fuera de discusión. Tiendes a gastar dinero en cosas innecesarias y no tienes ojo para las inversiones rentables. Mantén bajo control las compras imprudentes si deseas evitar problemas económicos más adelante.

AMOR Y AMISTAD

Si bien es cierto que la fiabilidad es una de tus mejores cualidades, te resulta difícil confiar en los demás. Por lo tanto, o bien eres rápido para juzgar o bien te tomas tu tiempo antes de sentirte cómodo en compañía de alguien a quien acabas de conocer.

BUENAS COMBINACIONES

En el amor y el romance, mientras no se invadan tu espacio personal y tu tiempo innecesariamente, habrá armonía. El Tigre, el Caballo u otro Perro son tus mejores amigos y aliados por su compatibilidad como espíritus libres. Las relaciones con los Caballos son duraderas porque existe confianza mutua. El valiente Tigre aumenta tu seguridad para afrontar los desafíos de la vida. Tu mejor pareja es tu amigo secreto, el Conejo. Eres menos compatible con el Dragón porque ambos sois testarudos. La soñadora Cabra, el directo Gallo y el testarudo Buey tampoco son parejas ideales.

RASGOS AMOROSOS

Tu tendencia a no confiar en los demás se interpone en el camino de la construcción de relaciones significativas. Los candidatos notan esta inseguridad y prefieren mantener la distancia. Esto es una pena porque, si bien puedes ser cauteloso, eres muy fiel. De hecho, eres posiblemente el amante más fiel entre todos los signos del Zodíaco. Una vez que vea tus puntos fuertes en el amor, tu pareja tendrá todas las razones para sentirse segura. Sin embargo, hay que vigilar con tu fragilidad emocional, ya que el más mínimo acto de traición a tu confianza trae consecuencias.

AMIGOS Y ALIADOS	TIGRE	CABALLO	PERRO

LA PAREJA PERFECTA – CONEJO

EL CERDO

E l Cerdo es el último de los doce signos del Zodíaco chino, y está asociado con la jubilación y la relajación. Generosos y tolerantes, los Cerdos son seres felices y optimistas que disfrutan de los placeres de la vida.

AÑOS DEL CERDO

1935, 1947, 1959, 1971, 1983, 1995, 2007, 2019, 2031, 2043

FECHAS DE LOS AÑOS DEL CERDO

Inicio	Fin	Tallo celestial	Rama terrenal
4 febrero 1935	23 enero 1936	Madera	Agua
22 enero 1947	9 febrero 1948	Fuego	Agua
8 febrero 1959	27 enero 1960	Tierra	Agua
27 enero 1971	14 febrero 1972	Metal	Agua
13 febrero 1983	1 febrero 1984	Agua	Agua
30 enero 1995	18 febrero 1996	Madera	Agua
17 febrero 2007	6 febrero 2008	Fuego	Agua
4 febrero 2019	24 enero 2020	Tierra	Agua
22 enero 2031	10 febrero 2032	Metal	Agua
10 febrero 2043	29 enero 2044	Agua	Agua

CARACTERÍSTICAS GENERALES

Muy inteligente y con un corazón de oro, eres probablemente el más generoso de los signos del Zodíaco, y crees que todas las personas son básicamente buenas. Lamentablemente, este rasgo te deja expuesto a otros seres menos generosos que se aprovechan de ti. También tiendes a ver las cosas de color de rosa; por grave que parezca un problema, intentas resolverlo, de manera sincera, aunque a veces impulsiva. Amante de la naturaleza, eres feliz en cualquier lugar, lejos de la ciudad. Constantemente sacrificas tu propia felicidad y comodidad por el bien de tus seres queridos. Amas el lujo y tus modales son impecables.

Eres el tipo sensible que está abierto a mostrar su afecto. Pasar tiempo con amigos y familiares es lo que te hace feliz. Ser el pacificador del Zodíaco chino no significa que seas débil de carácter. Por el contrario, eres muy directo y solo dirás la verdad. No soportas ninguna forma de hipocresía ni engaño. Dadas tus fuertes convicciones, eres muy razonable y perdonarás fácilmente a aquellos que te han hecho daño, sin rencor, sin resentimiento, sin ganas de venganza. Llevas la bondad grabada en tu ADN.

豬

TIPOS DE CERDO POR AÑO DE NACIMIENTO

Es probable que, dependiendo del año en que naciste, muestres uno de estos cinco tipos de personalidad. El último número de tu año de nacimiento determina tu elemento feng shui, aunque hay que prestar atención a las fechas límite para determinar correctamente el signo animal. Esto es importante, en especial, si naciste en enero o febrero (véase El calendario lunar, pp. 12-13).

1 O 2	↔	TU ELEMENTO ES EL METAL	✛
3 O 4	↔	TU ELEMENTO ES EL AGUA	🌊
5 O 6	↔	TU ELEMENTO ES LA MADERA	🍃
7 U 8	↔	TU ELEMENTO ES EL FUEGO	✋
9 O 0	↔	TU ELEMENTO ES LA TIERRA	🌑

CERDO DE MADERA

1935 ▪ 1995

La calidez de la madera contribuye a tu personalidad amable y generosa, y al mismo tiempo bastante compleja. Ser fundamentalmente compasivo, eres un miembro valioso del grupo, impulsado por el espíritu de cooperación en un nivel más profundo que el meramente social. Esto te hace bienvenido en profesiones que requieren un sólido trabajo en equipo. La parte negativa de eso es, por supuesto, que puedes comprometerte a realizar tareas que exceden tus capacidades. Muestras una actitud amistosa y buen sentido del humor, y puedes ser muy persuasivo.

CERDO DE FUEGO

1947 ▪ 2007

El fuego es símbolo de dinamismo y coraje, y tú eres un ser dotado de estos rasgos. Posees mayor iniciativa que otros tipos de Cerdo, que tienden a seguir la corriente. Altamente motivado y lleno de energía, puedes trabajar simultáneamente en diferentes iniciativas y tienes la energía para llevarlas a cabo. También eres un tipo asertivo y te mantienes firme a pesar de una dura oposición, dejando que sea la otra persona quien ceda. Como tipo más ambicioso de Cerdo, existen más probabilidades de que logres éxito en el sector que elijas.

CERDO DE TIERRA

1959 ▪ 2019

Práctico y con la cabeza en su sitio, sabes cómo eludir la obligación de hacer cosas que son casi imposibles o demasiado idealistas. Socialmente activo, cuentas con un gran círculo de amigos variados y eres conocido por tu buen sentido del humor y elocuencia. Evitas las confrontaciones, pero estás abierto a experiencias prácticas que podrían ayudarte en el futuro. Esto contribuirá enormemente a tus posibilidades de éxito, aunque no es algo de lo que te gustaría presumir. Amoroso y sensual, también tiendes a ser misterioso.

CERDO DE METAL

1971 ▪ 2031

En general, eres un ser tan amable y obediente que, por pasivo e ingenuo, otros pueden aprovecharse de ti. Sin embargo, el elemento metálico de tu personalidad te hace fuerte y determinado. Una vez traicionado, fácilmente pones a los interesados en su lugar. Quizás seas el más ambicioso de los Cerdos y usas este impulso no solo para hacer lo que te place, sino también para contribuir a causas que valen la pena. Eres perseverante y continuarás trabajando con pasión incluso después de que otros se hayan rendido.

CERDO DE AGUA

1983 ▪ 2043

Como ser sociable, te esfuerzas para que los demás se sientan cómodos. Eres compasivo y comprensivo con aquellos que consideras tus amigos e incluso extiendes esta generosidad a los extraños. Una vez que te sientes seguro en una relación, haces todo lo posible para mostrar tu personalidad amorosa. Como aspecto negativo, eres propenso a considerar el deseo de espacio y libertad de tu pareja como un signo de rechazo, y eso te angustia. Le das un gran valor a la seguridad y la intimidad en las relaciones.

TIPOS DE CERDO
POR MES DE NACIMIENTO

Con tu mes de nacimiento, identifica tu tipo de personalidad dominante en una palabra o frase.

ENERO	FEBRERO	MARZO
Sincera	Frugal	Emocional
ABRIL	**MAYO**	**JUNIO**
Motivada	Independiente	Sentimental
JULIO	**AGOSTO**	**SEPTIEMBRE**
Indolente	Energética	Quisquillosa
OCTUBRE	**NOVIEMBRE**	**DICIEMBRE**
Esperanzada	Obstinada	Decidida

CONSEJOS
DEL FENG SHUI

Los signos de la fortuna cambian para cada año, mes y día, y la mejor manera de rastrearlos es mediante un almanaque fiable de feng shui. La información que sigue ofrece solo una orientación general para el signo del Cerdo.

	Buena suerte	Mala suerte
Números	2, 5, 8, 25, 58	1, 7, 17, 71
Días	2, 8, 11 del mes Día de éxito*: miércoles Día de vitalidad**: martes	3, 12, 16 del mes Día de mala suerte***: sábado
Colores	Amarillo, gris, marrón, dorado	Rojo, azul, verde
Direcciones	Noroeste, este, suroeste	Sureste
Flores	Hortensia Endless Summer, gerbera	

* DÍA DE ÉXITO	Este día está lleno de energía positiva, y se considera venturoso para actividades personales o eventos sociales.
** DÍA DE VITALIDAD	Es el día en que estás más activo y dinámico.
*** DÍA DE MALA SUERTE	Este día se considera desfavorable, y deberías evitarlo para realizar actividades personales o celebrar eventos sociales.

DATO DE FENG SHUI

Desde la Antigüedad, los cerdos representan la riqueza y la buena suerte. Muchas teorías afirman que las huchas en forma de cerdito nacen durante la dinastía Qing en China. Se cree que la cara redonda o regordeta y las orejas largas del cerdito llaman al dinero.

豬

FORTALEZAS DE TU CARÁCTER

Persona directa, solo dices la verdad. Eres habladora y sabes comunicarte. Odias la hipocresía y el engaño, ya que crees firmemente en el trato justo, la justicia y la ley. Dadas tus convicciones, eres razonable y perdonas y te tomas el tiempo para escuchar a otros que pueden haberte ofendido. No eres de las que guardan rencor y albergan resentimiento. Ni siquiera piensas en vengarte.

Los Cerdos son muy apreciados por su caballerosidad; con tu buen corazón, sacrificas fácilmente tu propio bienestar por el bien mayor. Tu misión autodeclarada es ayudar a los demás, e independientemente de algunas circunstancias no deseadas, no retrocedes, sino que sigues adelante con la esperanza de que todo acabe saliendo bien.

Tus cualidades, incluyendo tu calidez y sinceridad, te llevarán a una vida satisfactoria. Una vez que inicias una relación o cualquier propósito, lo persigues, aunque tardes en lograr los resultados esperados.

FORTALEZAS DOMINANTES	DEBILIDADES DOMINANTES
Servicial	Vengativo
Educado	Naif
Bondadoso	Perezoso
Sereno	Hiperconfiado
Leal	Pasivo
Sincero	Conservador
Gentil	Testarudo
Indulgente	Emocional

DEBILIDADES PERCIBIDAS

Eres una criatura propensa a ser demasiado confiada. Aunque disfrutes participando en conversaciones serias, a menudo se te percibe como lenta y superficial. Cuando las cosas no salen como quieres, fácilmente te decepcionas. Puedes sacar a relucir tu temperamento y, si te presionan, no dudas en mostrar tu lado feroz.

A veces pecas de relajación e ingenuidad, tanto que otras personas usan tu naturaleza pasiva para aprovecharse de tu bondad. A pesar de que te manipulen, sigues creyendo que todo el mundo es básicamente bueno. Necesitas ser más asertiva y no caer en las maquinaciones de otras personas. Sin embargo, al ser irremediablemente optimista, no siempre sigues el consejo de ser menos confiada. No te gustan los problemas, por lo que enseguida haces las paces después de una situación conflictiva.

Tu falta de espíritu competitivo, junto con tu propensión a gozar de los placeres materiales, te pueden deparar un futuro incierto. Quizás tomes malas decisiones y caminos en la vida que, en casos extremos, te causen problemas de salud mental o trastornos de ansiedad.

豬

PERSPECTIVAS PROFESIONALES

Eres un ser muy trabajador, y gustas por tu fiabilidad y sinceridad. Puedes probar varios trabajos en tus primeros años, pero lo que te satisface más es ayudar a los demás. Tus colegas y empleadores te tienen en gran consideración y estás dispuesto a renunciar a tu tiempo por el bien de la empresa. Posees un gran sentido del humor y, como disfrutas haciendo feliz a la gente, eres un excelente anfitrión, artista, político o defensor social.

PAPEL EN EL ENTORNO LABORAL

A pesar de la tendencia a ser el centro de atención, siempre muestras fortalezas de tu carácter en el lugar de trabajo. Eres popular y muy leal a tu empresa u organización. Eres intrépido y totalmente dedicado al trabajo. Altamente diligente y tranquilo, eres reacio a la competitividad. También eres muy paciente y comprensivo; cuando la gente comete errores, no lo consideras un problema tan grande. Prefieres ayudar a arreglar la situación, porque quieres lo mejor para todos. Estas cualidades te hacen adecuado para trabajos en la enseñanza y el servicio público.

POSIBILIDADES DE CARRERA

Es probable que te impliques en varias causas, por tu fuerte sentido de la participación. Tu pasión por el trabajo comunitario te convierte en un excelente recaudador de fondos para las organizaciones benéficas que apoyas. Dedicarte a la caridad encaja contigo porque eres un individuo desinteresado que desea ayudar a los necesitados. Tu objetivo en la vida parece ser la convivencia en armonía. Los puestos que implican administración financiera no son tu fuerte. Además, si decides entrar en un negocio, debes ser cauteloso y correr solo riesgos cuidadosamente calculados.

Eres feliz aprendiendo cosas nuevas. Parece que independientemente de la carrera que elijas, gozas de grandes posibilidades de éxito. Aunque en general eres afortunado con la riqueza, debes vigilar cómo administras tus propias finanzas, porque puedes ser negligente en esta área. A veces, tu negligencia te superará, pero si encuentras un trabajo donde tu potencial y talento dispongan de espacio para crecer, seguramente conseguirás grandes logros.

PERSPECTIVAS
DE VIDA DOMÉSTICA

Como ser tranquilo y amable, te encanta rodearte de gente, y eres un artista nato. Quieres una vida fácil, desprovista de complicaciones, pero cedes a las tentaciones, especialmente las del tipo epicúreo. Tu amor por la buena comida y bebida podría hacerte aumentar de peso, lo que no es malo, siempre y cuando permanezcas activo y comprendas el valor del ejercicio.

ESTILO DE HOGAR

Como animal de agua yin, tu lugar de residencia es ecléctico. Es probable que luzca tus colores de la suerte: marrón, amarillo y gris, junto con muchos detalles de madera y metal. La energía del agua aparece en fuentes decorativas u obras de arte que representan el agua o la temporada de invierno. Por encima de todo, tu hogar refleja tu naturaleza sociable y fiestera. Te encanta relajarte y deseas que los miembros de la familia y los invitados estén lo más cómodos posible. Los sillones son un sello distintivo de tu diseño interior. La iluminación es moderada, no demasiado luminosa, y las habitaciones suelen estar libres de demasiados aparatos electrónicos o tecnológicos. En cambio, prefieres mostrar tus fuentes personales de orgullo: trofeos, medallas y muestras similares de tus logros estelares.

FAMILIA

Simbolizas la paciencia y la bondad, ambas muy evidentes en tu papel como progenitor. Eres un ser protector y siempre estás ahí para tu descendencia; aunque gentil y amante de la paz, puedes ser agresivo si sientes que necesitas proteger a tus hijos de algún daño. Actúas más como un amigo que como una autoridad disciplinaria, y existe tanta confianza entre tú y tus hijos que rara vez guardáis secretos entre vosotros. Si bien este rasgo es admirable, debes tener cuidado de no dejar que otras personas, incluidos tus hijos, se aprovechen de tu bondad para servir a sus propios intereses.

Feliz por naturaleza, atraes a otras personas hacia ti con tu don de palabra. Con tu entusiasmo contagioso, mantienes a tus hijos entretenidos. Tu aguda imaginación capta la atención de los jóvenes, que se sentarán durante horas a escuchar tus historias.

AMOR Y AMISTAD

Ser gentil y cariñoso, eres un devoto de la familia y una gran pareja. Realmente valoras el romance. Una vez convencido de haber encontrado a la persona indicada, haces todo lo posible para mostrar tu amor, colmándola de regalos bonitos y, a veces, caros. Incluso usas tu sentido del humor para atraer a la persona objeto de tu afecto. No tienes reparos en mostrar tu interés por alguien y no te detienes hasta saber cómo seguir en contacto con ella. Exhibes tu encanto al participar en conversaciones divertidas pero profundas.

COMPATIBILIDADES En términos de amistad, eres más compatible con los nacidos en los años del Conejo, la Cabra y los compañeros Cerdos. El valiente Tigre proporciona la seguridad que necesitas, es tu amigo secreto, mientras que tienes muchas cosas en común con el tranquilo Conejo. Fuera de estas asociaciones ideales, también puedes disfrutar de relaciones armoniosas con la Rata, el Dragón, el Buey, el Caballo, el Gallo y el Perro, el carácter de los cuales contribuye a una unión viable.

Sin embargo, las relaciones con los nacidos en los años de la Serpiente y el Mono están llenas de tensión. Tu sinceridad y bondad entra en conflicto con la naturaleza sospechosa y cautelosa de la Serpiente. Y el Mono es demasiado travieso.

ROMANCE Tienes una visión anticuada sobre el amor, por eso los demás te consideran lento; en verdad, eres un ser sensible y modoso. Tal vez te sientas demasiado cohibido para revelar tus sentimientos y esperes mucho para declarar tus intenciones. De hecho, estas cualidades, ya sean reales o meras percepciones, pueden llevarte a perder la oportunidad de dar a conocer tus verdaderos sentimientos.

Eres una persona bastante emocional, pero otros tardan en notar cuándo te sientes deprimido. Eres sensible, pero no te quejas fácilmente. Una cualidad que puede dañar una relación es tu excesiva sinceridad. Si tu pareja comete un error, te resulta difícil perdonarla y puedes proferir palabras verdaderamente hirientes. Al ser hipersensible, es posible que discutas con frecuencia.

AMIGOS Y ALIADOS

CONEJO   CABRA   CERDO

LA PAREJA PERFECTA — **TIGRE**

CELEBRACIÓN
DEL AÑO

NUEVO
CHINO

El Año Nuevo chino, también conocido como Año Nuevo Lunar o Festival de Primavera, es el evento anual más grande e importante para los chinos. Con más de cuatro mil años de historia, se celebra no solamente en la China continental, sino también en muchos de los países vecinos, e incluso en los países occidentales donde hay comunidades chinas.

PREPARATIVOS

Un mes antes del festival, los chinos ya corren a comprar regalos, decoraciones, comida y ropa. Dan una nueva capa de pintura a las puertas y ventanas, importantes entradas de suerte, y limpian y ordenan sus casas para dejar ir la suerte rancia y crear espacio para que entre energía nueva y positiva. Cada rincón, armario y frigorífico se limpian de artículos no deseados.

Como parte de la limpieza, se llevan a cabo las reparaciones necesarias, en especial de cualquier cosa que presente fugas, porque eso indica pérdida de dinero. Se llenan los contenedores de arroz hasta el borde, y se almacena suficiente arroz para los quince días completos del festival. Ocho días antes de la celebración, todos repasan sus curas y potenciadores anuales de feng shui. Finalmente, se cuelgan tiras de papel rojo como decoración, en las que se escriben deseos de una vida feliz, prosperidad y buena salud.

SÍMBOLOS HABITUALES

En los hogares, se llenan jarrones con flores frescas como símbolo de la primavera y el crecimiento. Se colocan naranjas y mandarinas, símbolos de felicidad, en platos, junto con ocho tipos de frutas secas. La granada también está presente, ya que se cree que su color rojo ahuyenta a los espíritus malignos, y sus semillas simbolizan la fertilidad. Se preparan paquetes rojos que contienen «dinero de la suerte» para regalar. Se cree que el gesto de dar trae buena suerte tanto al que regala como al que recibe.

COMIDAS DE LA BUENA SUERTE

Los alimentos servidos durante el festival se eligen por el tipo de suerte que simbolizan. El más importante es el pescado, que suele servirse entero, porque representa abundancia para compartir. Por la misma razón, el pollo también se sirve de una sola pieza, para atraer la prosperidad. Las albóndigas, de carne o pescado, y los pasteles de arroz simbolizan el reencuentro y la cercanía familiar, tal vez debido a su naturaleza pegajosa. Los fideos representan una larga vida y, por lo tanto, no deben cortarse.

La pauta en la preparación de alimentos parece ser «cuanto más, mejor», ya que muchos de ellos representan la abundancia. Por lo menos, debe haber ocho tipos de alimentos en la mesa, incluidos postres dulces y frutas frescas, que simbolizan la prosperidad. Cuanto más vibrantes sean los colores de los alimentos, mejor. Se cree que el rojo, el naranja, el verde y el dorado son colores afortunados para la mesa. El blanco, sin embargo, se considera lo contrario; por lo tanto, el tofu se evita durante estas celebraciones.

CREENCIAS
Y TRADICIONES

Estas son algunas de las creencias y tradiciones
más populares del Año Nuevo chino.

No pidas prestado ni prestes dinero: hacerlo significa que la persona que pide probablemente deberá dinero la mayoría de los días del año. Las deudas deben pagarse antes del día de Año Nuevo.

Hay que ir con cuidado de no romper nada, ya que esto podría simbolizar una relación fallida.

Evita usar palabrotas, palabras de mala suerte o con connotaciones negativas, como «muerte», «matar» y «enfermedad».

Las historias de fantasmas son tabú.

El día de Año Nuevo, se debe evitar lavarse el cabello o limpiar la casa, porque significa lavar o barrer la buena suerte.

Comer gachas está mal visto porque simboliza la pobreza.

Mantén los objetos afilados fuera de la vista, ya que representan peleas y malentendidos.

Llorar el día de Año Nuevo indica que se avecina un año triste. Los niños se salvan de regañinas para que no lloren y atraigan infelicidad y desgracia durante el resto del año.

Al filo de la medianoche de la víspera de Año Nuevo, las puertas y ventanas deben abrirse para permitir que el año viejo salga y deje entrar las nuevas energías.

El uso de petardos en la víspera de Año Nuevo es la forma china de despedir el año viejo y dar la bienvenida al Año Nuevo.

La Danza del Dragón se representa para atraer la paz y la prosperidad. Este importante símbolo de la cultura china se ha extendido en muchos países del mundo.

COSTUMBRES DEL AÑO NUEVO CHINO

El festival dura quince días, desde la víspera del Año Nuevo chino hasta el Festival de las Linternas, en el decimoquinto día del Año Nuevo Lunar. Se cree que las prácticas observadas al comienzo de un Año Nuevo Lunar influyen en los eventos del próximo año.

DÍA 1
Todos se levantan temprano y se visten con su ropa de Año Nuevo para visitar a amigos y familiares. Visitan los templos para ofrecer incienso y orar por un año seguro y próspero. Los niños y los empleados reciben regalos en paquetes rojos. Se evita sacrificar animales y comer carne.

DÍA 2
Es tradicional que las mujeres casadas regresen a casa para visitar a sus padres, junto con sus esposos, después de celebrar la víspera de Año Nuevo con sus suegros.

DÍA 3
No es auspicioso salir de casa, porque los espíritus malignos vagan por la Tierra en este día y trae mala suerte estar al aire libre. El aire está lleno de posibilidades de desacuerdos entre familiares y amigos, por lo que es mejor quedarse en casa.

DÍA 4
Se cree que los espíritus celestiales como el Dios de la Cocina visitan la Tierra en el cuarto día, por lo que se considera auspicioso preparar una fiesta y hacer ofrendas de incienso, comida y dinero espiritual para dar la bienvenida a estas deidades y asegurar un año próspero.

DÍA 5
Se celebra el llamado Festival de Po Wu, para dar la bienvenida al dios de la riqueza. La gente abre sus puertas y ventanas, quema incienso y tira petardos y fuegos artificiales para atraer dinero, suerte y bendiciones. Los negocios locales reabren.

DÍA 6	Este es el día para desechar la ropa vieja, limpiar el garaje y tirar trastos. Estas acciones se hacen para ahuyentar el fantasma de la pobreza y dar paso a una vida mejor durante el Año Nuevo.
DÍA 7	Se celebra el Día del Hombre, la creación de la humanidad. Los chinos comen alimentos saludables que simbolizan la abundancia, la prosperidad y la larga vida, entre ellos, pescado crudo para promover el éxito y fideos para la longevidad. El día está marcado por la reflexión sobre las bendiciones y el respeto por todos los seres humanos.
DÍA 8	Es la celebración del arroz, el alimento básico chino más esencial. A los niños se les enseña la importancia de la agricultura y de dónde provienen sus alimentos.
DÍA 9	Es la celebración del cumpleaños del Emperador de Jade, la deidad suprema del taoísmo. Se realizan ofrendas de comida y sacrificios de pollos en su honor.
DÍAS 10-12	Las visitas entre familiares y amigos auguran abundantes banquetes, bebidas y momentos felices compartidos.
DÍA 13	Este día es para limpiar y desintoxicar los cuerpos que se han atiborrado en los días anteriores. Para favorecer esta limpieza del sistema digestivo, este día se sirven platos vegetarianos.
DÍA 14	Este es el día previo al Festival de las Linternas. La gente prepara linternas coloridas y comida. Los equipos de danza del dragón y del león ensayan para el gran evento.
DÍA 15	El tradicional Festival de las Linternas pone fin a la celebración del Año Nuevo chino. Las calles y las casas se decoran con faroles y se disfruta de fuegos artificiales. Se canta y baila en público. Las bolas de arroz pegajosas llamadas *tang yuan*, nuevamente para simbolizar la cohesión familiar, son la comida común en los hogares chinos este día. Se celebra el cumpleaños de Tian Guan, el «gobernante del cielo» taoísta, responsable de proporcionar buena fortuna y riqueza. Se cree que a Tian Guan le gustan todos los tipos de entretenimiento, por lo que se realizan muchas actividades en su honor para atraer buenos auspicios.

ÍNDICE

RECURSOS

1. Raymond Lo, *Feng Shui and Destiny*, Gardners Books, 1992.

2. Raymond Lo, *Feng Shui Essentials*, Feng Shui Lo, 2005.

3. Raymond Lo, *The Pillars of Destiny (Understanding Your Fate and Fortune)*, Times Books, 1995.

MARITES ALLEN es una maestra de Feng Shui reconocida internacionalmente y experta en astrología china, formada por maestros de Malasia, Singapur, Tailandia y China. Fue la primera filipina en recibir el prestigioso título de Maestra en Feng Shui de la Asociación Internacional de Feng Shui en 2013. Además, es consultora internacional de Feng Shui desde hace más de veinte años, y aparece con frecuencia en espacios de prensa, radio y televisión de alcance internacional, como *This Morning*, *Sun*, *Express* y la CNN. Vive en Londres con su familia y reparte su tiempo entre el Reino Unido y el sudeste asiático. Visita su sitio web: maritesallen.com

La edición original de esta obra ha sido publicada en el Reino Unido en 2023 por Greenfinch, sello editorial de Quercus Editions Ltd., de Hachette UK, con el título

Chinese Astrology

Traducción del inglés
Gemma Fors

Av. Diagonal, 402 – 08037 Barcelona
www.cincotintas.com

Primera edición: enero de 2024

Impreso en China
Depósito legal: B 16409-2023
Código Thema: VXFA1
Signos del Zodíaco y horóscopos

ISBN 978-84-19043-36-8

MIXTO
Papel | Apoyando la
silvicultura responsable
FSC® C016973

FSC
www.fsc.org